唤醒6~12岁孩子的[

根据"ICME国际数学教育理念"编写，给孩子

U0693102

越玩越聪明的

180个逻辑思维游戏

刘荔 ◎ 编著

中华工商联合出版社

图书在版编目（CIP）数据

越玩越聪明的180个逻辑思维游戏 / 刘荔编著. ——
北京：中华工商联合出版社，2019.10
ISBN 978-7-5158-2582-3

Ⅰ.①越… Ⅱ.①刘… Ⅲ.①智力游戏 Ⅳ.
①G898.2

中国版本图书馆CIP数据核字（2019）第206548号

越玩越聪明的180个逻辑思维游戏

作　　者：刘　荔
选题策划：关山美
责任编辑：关山美
封面设计：北京聚佰艺文化传播有限公司
责任审读：于建廷
责任印制：迈致红
出版发行：中华工商联合出版社有限责任公司
印　　制：三河市燕春印务有限公司
版　　次：2020年1月第1版
印　　次：2023年6月第3次印刷
开　　本：880mm×1230mm　1/32
字　　数：160千字
印　　张：6.75
书　　号：ISBN 978-7-5158-2582-3
定　　价：30.00元

服务热线：010—58301130
销售热线：010—58301130
地址邮编：北京市西城区西环广场 A 座
　　　　　19—20 层，100044
http：//www.chgslcbs.cn
E-mail：cicap1202@sina.com（营销中心）
E-mail：gslzbs@sina.com（总编室）

凡本社图书出现印装质量问题，请与印务部联系
联系电话：010-58302915

目录 CONTENTS >>>

第**1**关 写字

如果用毛笔写数字，每写一个数字符号（0~9，共10个）就需要蘸一次墨，那么要把0~15这16个数字连续写完，总共需要蘸多少次墨？

第**2**关 分装装苹果

妈妈让小明帮忙把苹果分装在袋子里。妈妈给了他100个苹果，要求装在6个袋子里，每个袋子里所装的苹果数要含有数字"6"。

你知道小明是怎么分装苹果的吗？

第3关 谁是学习委员

立立、山山和文文是好朋友。他们在同一个班级读书，分别是班级里的班长、学习文员和体育委员。其中：

山山不是班长；

班长是个女孩子；

文文是个男孩子，他和学习委员住在同一个小区。

根据这些，你能猜出谁是学习委员吗？

第4关 钥匙

约翰是个管家，他的老板出差了，他掌管着别墅所有房间的钥匙。这幢别墅共有 10 个房间，每个房间都有一把钥匙，约翰把这 10 把钥匙按顺序一一编号便于确认。一天，他淘气的孙子把钥匙上的编号都给撕掉了，约翰无法辨认每个房间的钥匙，只能一把一把地试。

请问，约翰最多需要试多少次才能确认每个房间的钥匙？

第5关 他说谎了吗

甲和乙远航归来。甲兴奋地说："我年前离开上海，向东航行。当我到达旧金山时，已经是年后数天了。我在海上过的新年，令我特别高兴的是，我竟然连续过了两个元旦。"

乙有些沮丧地说："我和你的航线一样，只是方向相反，当我到达上海时，也是年后几天，但是我竟然没有赶上过元旦。"

请问，他们说谎了吗？

第6关 有趣的算术题

有一个奇怪的三位数，减去7后正好被7整除；减去8后正好被8整除；减去9后正好被9整除。

你知道这个三位数是什么吗？

第7关 古老传说

有个古老的传说。一次，战争中有 16 个人被抓，敌人决定按一种方式杀他们，最后剩下的一个人可以活命。这种方法是，给每个人都编上号码，然后让他们围成一个圈，先从 1 号杀起，每隔一人杀一个，直到剩下最后一个人。

彼得是个聪明人，他站到了一个位置上，最后只有他活了下来。你知道彼得是几号吗？

第8关 牛虎过河

河岸的同一侧来了三头牛和三只老虎要过河。渡口只有一只船，每次可以运装两只动物过河，但不能空船回来。为了防止老虎吃牛，在一侧岸上和船上牛的数量不能少于老虎的数量。

请问，至少需要摆渡几次才能让动物们都到河对岸？

第**9**关 画家

杰克和马力都是画家，杰克擅长调色但画得慢，马力画得快但调色慢。

有人请杰克和马力画十幅画，每人各画五幅。杰克每20分钟就能调好颜色，而画画需要用1个小时。马力调色需要用40分钟，画画需要半小时。

完成时，这个人应该按什么比例付给杰克和马力报酬？

第**10**关 猜名次

在一次竞赛中，甲、乙、丙、丁、戊五位同学得了前五名。他们想知道每位同学的具体名次。老师说："你们先猜猜其中两个同学的名次。"

甲说："乙第二，丙第三。"

乙说："丁第二，戊第四。"

丙说："甲第一，戊第四。"

丁说："丙第一，乙第二。"

戊说："丁第二，甲第三。"

老师说："你们每个人都猜对了一半。"

你知道他们都得了第几名吗？

第11关 男生女生

一个年级有90人，排成一队。他们的排列顺序是：男、女、男、男、男、女、男、男、男、女、男、男、男、女……那么，队伍的最后一个学生是男生还是女生？男女生各有多少人？

第12关 鹦鹉

有三只鹦鹉1号、2号、3号分别来自不同的地方。

其中来自A地的鹦鹉一直说真话；

来自B地的鹦鹉一直说假话；

来自C地的鹦鹉先说真话再说假话。

1号鹦鹉说："3号来自C地，我来自A地。"

2号鹦鹉说："1号来自B地。"

3号鹦鹉说："2号来自B地。"

请问，这三只鹦鹉分别来自哪里？

第13关 零用钱

两个父亲给两个儿子零用钱。一个父亲给了自己儿子150元，另一个父亲给了自己儿子50元。两个儿子的零用钱加在一起是150元，这是为什么呢？

第14关 亲兄弟

有四户人家，每家都有两个男孩。这四对兄弟中，哥哥分别是甲、乙、丙、丁，弟弟分别是A、B、C、D。

有人问："你们究竟谁和谁是亲兄弟呀？"

甲说："乙的弟弟不是A。"

乙说："丙的弟弟是D。"

丙说："丁的弟弟不是C。"

丁说："他们三人中，只有D的哥哥说了实话。"

丁的话是可信的。

请问，你能猜出谁和谁是亲兄弟吗？

第15关 总能赢

两个人轮流将相同的硬币放在同一个桌子上。当桌子上不能再放上硬币同时又不遮住其他硬币时，将要放硬币的人就输了。

请问，你能否想到一个方法，使得不管桌子有多大，总是某个人赢？

第16关 谁是冠军

A、B、C、D、E、F六人参加一场比赛。赛前，有三个人猜测比赛结果。

甲："冠军不是A，就是B。"

乙："冠军不是C，就是D。"

丙："D、E、F绝不是冠军。"

结果证明，三个人中有一人的猜测是正确的。那么，谁是冠军？

第 **17** 关 矿石

老师拿来一块矿石给学生们看。甲、乙、丙三人在观察后进行了判断。

甲说："这不是铁矿石，也不是铜矿石。"

乙说："这不是铁矿石，应当是锡矿石。"

丙说："这不是锡矿石，应当是铁矿石。"

老师告诉他们，三人中一人的两个判断都是对的，一人的两个判断都是错的，一人的两个判断一对一错。

请问，这块矿石是什么矿石？

第 **18** 关 预测天气

一天，天气预报说北京当天半夜 12 点会有雨。小明听后，马上就知道了 72 小时后的天气。

那么，请你预测一下，半夜 12 点雨后过 72 小时，北京会不会出太阳呢？

第19关 野炊分工

兄弟四人去野炊，他们一个烧水，一个洗菜，一个淘米，一个担水。

老大不担水也不淘米；

老二不洗菜也不担水；

老三不担水也不淘米；

如果老大不洗菜，那么老四就不担水。

你知道他们是怎么分工的吗？

第20关 投篮

五个好朋友一起玩篮球，他们在一个小时的时间内，自由地投篮，之后大家分别报了自己的进球次数。

甲进球次数比丁多，但是没有乙多；

丙没有发挥不好，进球最少；

乙被戊打败。

请问，你可以给他们今天的进球数排名吗？

第**21**关 盒子上的话

在桌子上放着四个盒子,每个盒子上都写着一句话。

A:所有的盒子里都有水果。

B:这个盒子里有香蕉。

C:这个盒子里没有梨。

D:有些盒子里没有水果。

只有一句话是真的,你能从盒子里拿出什么水果?

第**22**关 到达的时间

有个外地人来小镇旅游,这个小镇有一家餐厅、一家商店、一家蛋糕店。这三家店没有一天是同时营业的。

商店每星期营业四天,餐厅每星期营业五天,星期三和星期四这三家店都休息。外地人到达小镇的这天蛋糕店开门营业。

在之后连续的三天中:

第一天,商店、蛋糕店休息;

第二天,蛋糕店、餐厅休息;

第三天,餐厅、商店休息。

请问,外地人到达小镇的时间是星期几?

第23关 拔河比赛

甲、乙、丙、丁四个人参加拔河比赛,比赛结果如下:

(1)当甲、乙为一组,丙、丁为另一组时,双方势均力敌,不分胜负;

(2)当乙、丙为一组,甲、丁为另一组时,甲、丁一方轻易地胜了乙、丙;

(3)乙也胜了甲、丙一方。

请问这四个人中谁的力气最大?其依次的排列顺序又是什么?

第24关 喝咖啡

新一来到餐厅点了一杯咖啡,当喝到一半时将杯中兑满开水。又喝下一半后,再兑满开水。就这样,又经过了两次这样的过程,咖啡最终喝完。

请问,新一喝了多少杯咖啡?

第 **25** 关 谁是嫌疑人

甲、乙、丙、丁四人因涉嫌某案被传讯。

甲说：作案者是乙。

乙说：作案者是甲。

丙说：作案者不是我。

丁说：作案者在我们四个人当中。

如果四个人中只有一个说真话，你能推出谁可能是作案者吗？

第 **26** 关 明星的年龄

四个人在议论一位女明星的年龄。

甲说："她不会超过 25 岁。"

乙说："她不超过 30 岁。"

丙说："她绝对在 35 岁以上。"

丁说："她的岁数在 40 岁以下。"

实际上四个人中只有一个人说对了。你知道哪个人说对了吗？

第**27**关 珠宝失窃

一家珠宝店的珠宝被盗，经查，可以肯定是甲、乙、丙、丁四个人中的某一个人所为。

审讯时，甲说："我不是犯罪嫌疑人。"

乙说："丁是犯罪嫌疑人。"

丙说："乙是犯罪嫌疑人。"

丁说："我不是犯罪嫌疑人。"

经调查证实，四个人中只有一个人说的是真话。根据已知条件，你能推出谁是犯罪嫌疑人吗？

第**28**关 三人猜帽子的颜色

三个人位于垂直墙的一直线上，并将眼睛蒙起。然后从装有三顶红色帽子和两顶黑色帽子的箱中取出三顶让他们三人戴上，并将以上信息告知他们。接着把他们眼睛上的蒙布拿掉，并要求每人确定各自所戴帽子的颜色。

离墙最远的那个，他看到了前面两人帽子的颜色后说："我不知道我所戴帽子的颜色。"离墙第二远的那个人听到了后面的回答，又看到了前面人戴的帽子的颜色，也回答自己不知道。而第三个人，虽然他看到的只是墙，但他听到了后面两人的回答，却说："我知道自己所戴帽子的颜色。"

你知道他所戴帽子的颜色是什么吗？他是如何确定的？

第29关 被偷的钻石

有一个贵妇人拥有一枚价值连城的胸针,这枚胸针上共有25颗钻石,这个贵妇人平日里总喜欢数胸针上的钻石,从上往下数到中央,然后向左、向右和向下数下去,这三种情况下的钻石数都是13。

这位贵妇人之所以犯错,不仅在于她相信那个首饰匠会把她的胸针修好,还在于她透露了数钻石的方式。交还首饰时,首饰匠彬彬有礼地当面数给她看。贵妇人依旧像往常一样,用这三种方式数她的钻石,每回都是13颗。她丝毫不觉有异,但别针上两颗最好的钻石还是被偷走了。

请问:这个狡猾的骗子用什么手法改变钻石的排列以掩盖他的罪行?

第 **30** 关 四个小偷

四个小偷每人各偷了一种东西，现正在接受警方盘问。

甲说："我们每人只偷了一块表。"

乙说："我只偷了一颗钻石。"

丙说："我没偷表。"

丁说："有些人没偷表。"

经过警察的进一步调查取证，发现这次审问中只有一人说了真话。你知道谁说的是真话吗？

第 **31** 关 装珠宝的箱子

一个盗墓者在一个山洞里发现了两个箱子和一封信。信上说："这两个箱子，其中之一装满了珠宝，另一个中装有机关。如果你足够聪明，按照箱子上的提示就能找到打开的方法。"这时盗墓者看到两个箱子上都有一张纸条，第一个箱子上写着："另一个箱子上的纸条是真的，珠宝在这个箱子里。"第二个箱子上写着："另一个箱子上的话是假的，珠宝在另一个箱子里。"那么，他应该打开哪个箱子才不至于中机关而顺利得到珠宝呢？

第32关 仓库失火

某仓库失火，有四个嫌疑犯被传讯。他们的供述如下所示。

甲说："我们四个人都没有作案。"

乙说："我们四个人中有人作案。"

丙说："乙和丁至少有一人没有作案。"

丁说："我没有作案。"

如果这四个人中，有两人说的是真话，有两人说的是假话，你能推断出哪两人说的是真话，哪两人说的是假话吗？

第33关 谁是班长

一年级有四个班，每个班都有正、副班长各一名，这八名班长没有两人是同姓的。平时召开年级的班长会议时，各班都只派一名班长参加。参加第一次会议的是A、B、C、D；第二次参加会议的是B、D、E、F；第三次参加会议的是A、B、E、G。三次会议H都因病没有参加。请问，每个班各是哪两位班长？

第34关 谁杀了医生

一位精神病医院的医生被杀，由他负责诊治的四位病人被警方传讯。警方根据目击者的证词得知，在医生死亡那天，这四位病人都单独去过一次医生的寓所。在传讯前，这四个病人共同商定，每个人向警方提供的供词句句都是谎言。

甲："我们四个人谁也没有杀害医生。"

"我离开精神病医生寓所的时候，他还活着。"

乙："我是第二个去精神病医生寓所的。"

"我到达他寓所的时候，他已经死了。"

丙："我是第三个去精神病医生寓所的。"

"我到达他寓所的时候，他还活着。"

丁："凶手不是在我去精神病医生寓所之后去的。"

"我到达精神病医生寓所的时候，他已经死了。"

你能从中判断出是谁杀了医生吗？

第**35**关 谁的房间居中

　　甲、乙、丙三个人住在一幢公寓的同一层上。一人的房间居中，与其他两人左右相邻。

　　他们每人都养了一只宠物：不是狗就是猫；每人都只喝一种饮料：不是茶就是咖啡；每人都只采用一种抽烟方式：不是烟斗就是雪茄。

　　他们三人具备以下条件：

　　甲住在抽雪茄者的隔壁；

　　乙住在养狗者隔壁；

　　丙住在喝茶者的隔壁；

　　没有一个抽烟斗者喝茶；

　　至少有一个养猫者抽烟斗；

　　至少有一个喝咖啡者住在一个养狗者的隔壁；

　　任何两人的相同嗜好不超过一种。

　　你知道他们中谁住在中间的房间吗？

第 36 关 谁是医生

一次聚会上，麦吉遇到了汤姆、卡尔和乔治三个人。他想知道他们分别是干什么的，但三人只提供了以下信息：

三人中一位是律师，一位是推销员，一位是医生；

乔治比医生年龄大，汤姆和推销员不同岁，推销员比卡尔年龄小。

你知道谁是医生吗？

第 37 关 王牌

在一盘纸牌游戏中，某个人的手中有这样的一副牌：

（1）正好有 13 张牌；

（2）每种花色至少有一张；

（3）每种花色的张数不同；

（4）红心和方块总共五张；

（5）红心和黑桃总共六张；

（6）属于"王牌"花色的有两张。

红心、黑桃、方块和梅花这四种花色，哪一种是"王牌"花色？

第38关 涂立方体

假如你有一桶红漆，一桶蓝漆，以及大量同样大小的立方体木块。你打算把这些立方体的每一面漆成单一的红色或单一蓝色。例如，你会把一块立方体完全涂成红色。第二块你会决定涂成三面红三面蓝。第三块或许也是三面红三面蓝，但是各面的颜色与第二块相应各面的颜色不完全相同。

按照这种做法，你能漆成多少个互不相同的立方体？（如果一个立方体经过翻转，它各面的颜色与另一块立方体的相应各面相同，那么，这两块立方体就被认为是相同的。）

第39关 他有罪吗

某商店失窃，警方经过侦察拘捕了三个重大嫌疑犯，分别是张三、李四、王五。经审讯，查明了如下事实：

（1）罪犯是带着赃物乘汽车逃跑的；

（2）如果不伙同张三，王五决不会作案；

（3）李四不会开车；

（4）罪犯就是这三个嫌疑人中的一个或一伙。

请问，在这个案子中，张三有罪吗？

第**40**关 谁是外来人

一个部落分为诚实人和说谎者两部分，诚实人只讲真话，说谎者只讲假话。后来，这个部落里迁来一批外来人，这些外来人有时讲真话，有时讲假话，也就是说，他们讲的每一句话要么是真的，要么是假的。

假如有一天你来到这里，看到甲、乙、丙三个人，其中一个是诚实人，一个是说谎者，一个是外来人，他们三个人各说了一句话。

甲说："我是外来居民。"

乙说："甲说的没错。"

丙说："我不是外来人。"

你能从这三句话里判断出他们各自的身份吗？

第**41**关 说谎的日子

王东和李平是两个奇怪的人。王东在星期一、星期三、星期五说谎，李平在星期二、星期四、星期六说谎。其余的日子两人都说实话。

有一天，有一个人分别向他们二人提出关于日期的问题。两人都说："前天是我说谎的日子。"

那么，这天是星期几？

第**42**关 白马王子

　　芳芳心中的白马王子的外貌是高个子、小麦肤色、相貌英俊的人。她认识甲、乙、丙、丁四位男士，其中一位符合她要求的外貌条件。

　　四位男士中，有三人是高个子，只有两人是小麦肤色，只有一人相貌英俊。

　　每位男士都至少符合一个条件：甲、乙肤色相同；乙、丙身高相同；丙、丁并非都是高个子。

　　你知道谁是芳芳心中的白马王子吗？

第**43**关 天气预报

　　小王这几天要出差，便问同事小张这几天的天气情况怎么样。结果小张没有把天气预报的情况如实以告，而是给他出了一个难题，让小王自己推算天气情况。

　　小张说："我将前天的天气预报改了一下，如果你能听得明白，我可以将后天的天气情况如实相告。今天的天气与昨天的天气不同。如果明天的天气与昨天的天气一样的话，则后天的天气将和前天的一样。但如果明天的天气与今天的天气一样的话，则后天的天气与昨天的相同。"

　　小张的天气预报果然很准，因为今天和前天都下了雨。那么昨天的天气如何呢？

第 44 关 案犯潜逃

一天夜里，某银行在 21 楼的保险柜被人炸开，一笔巨款不翼而飞。由于这家银行的警报系统直通警察局，所以警察的巡逻车不到一分钟就到达了犯罪现场。

警察到楼前发现银行一片漆黑。于是警察找到了保管员。保管员声称，由于电箱的保险丝被烧断了，才导致停电。警察守在大楼的入口处，并来到失窃现场，却发现案犯已经潜逃了。

但是，这座大楼属于封闭式的，根本没有其他出口供案犯逃走。警察又经过试验，证明普通人从 21 楼跑到楼下，至少也需要两分钟。但警车在一分钟之内即到达现场，按理说案犯是不能逃跑的。最后经过调查，警方发现管理员是匪徒的同伙。

请问，为什么案犯能在一分钟之内逃出大楼呢？

第 **45** 关 未婚妻

小张认识 A、B、C、D、E 五位女士。

（1）五位女士分别为两个年龄段：三位女士小于 30 岁，两位女士大于 30 岁；

（2）两位女士是教师，其他三位女士是秘书；

（3）A 女士和 C 女士属于同一个年龄段的人；

（4）D 女士和 E 女士属于不同的年龄段；

（5）B 女士和 E 女士的职业相同；

（6）C 女士和 D 女士的职业不同；

（7）小张将要和其中一位年龄大于 30 岁的教师结婚。

那么，聪明的你能推断出小张将要和哪位女士结婚吗？

第46关 鉴定古董

一位外国人到中国来，让一个考古学家帮他鉴定一个精制的古董。

从外表看来，古董似乎是真的。但经考古学家仔细地考究，发现古董上刻着"公元前12年"，考古学家立刻断定这是一个赝品。

你知道考古学家是如何鉴定出来的吗？

第47关 绅士和小人

一个部落有两种人：一种是绅士，另一种是小人。绅士只说真话，小人只说假话。

有一天，一个路人要找一个绅士问路。他遇到两个人，就问其中一个人："你们两个人中有绅士吗？"被问者回答了一句话，路人根据这句话，很快地判断出哪一个是绅士了。

你知道被问者是怎么回答的吗？

第48关 这里的水可以喝吗

一个部落里有一部分说实话；另一部分人说假话。晴朗的一天，一位旅行家到了这个部落后觉得非常口渴，走着走着发现前面有一个水桶，于是他想问问一位路过的村民这桶水可不可以喝。

这位旅行家跟村民说："今天的天气真好啊！"

"是的。"村民答道。

"这水可以喝吗？"旅行家问。

"是的。"村民又答道。

旅行家马上知道这水可不可以喝。你认为这桶水可以喝吗？

第49关 吃馒头

一次，师父让自己的两个徒弟进行吃馒头比赛。规则很简单：每人每次最多能拿两个馒头，吃完了才准再拿。谁吃到的馒头多，谁就是赢家。

师父刚揭起蒸笼盖，大徒弟就迫不及待地抢先抓起两个馒头大口吃起来。二徒弟见笼内还有三个馒头，就先拿了一个馒头吃。大徒弟暗笑二徒弟傻，肯定要输给自己，不免得意扬扬起来。结果最后大徒弟输给了二徒弟。你知道是为什么吗？

第 50 关 满地木屑

马戏团里有两个侏儒，盲人侏儒比另一个侏儒矮。马戏团只需要一个侏儒，两个侏儒决定比谁的个子矮，个子高的就自行离开。可是，在约定比个子的前一天，盲人侏儒也就是那个矮的侏儒已经离开了。在他的家里只发现木头家具和满地的木屑。

请问，他为什么离开？

第 51 关 吹牛

有一个人他总是喜欢吹牛。有一次他和一群人在聊天时说："我最近刚发明了一种液体，无论是什么东西，它都可以溶解。它是目前世界上最好的溶剂，我打算明天就去申请专利，这样我很快就要发财了。"其他聊天的人虽然知道他是在吹牛，但又不知该如何反驳他。这时，一个小孩问了一句，这个人就哑口无言。

你知道这个小孩问了句什么吗？

第52关 有趣的问题

男孩喜欢上了一个女孩子，想要追求对方却一直苦于没有机会。这天，男孩想要有所突破，打算请女孩子去吃饭，但如何让女孩不拒绝他的请求又让男孩犯了难。最后，他想出了一条对策。

他对那个女孩说："我有两个问题想要问你，你只能回答'是'或是'不'。不能用其他的语句代替。还有，你必须郑重地回答，而且两个回答在逻辑上必须完全合理，不能自相矛盾。"那个女孩觉得挺好玩，就一口答应了。

你知道男孩问的是哪两个问题吗？

第53关 图形的相似性

请根据图1中三个图形的相关性，在四个选项中选择一个代替图2中的问号。

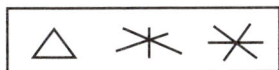

图1

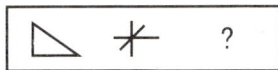

图2

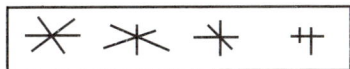

A   B   C   D

第54关 大富翁保镖

大富翁身边有 A、B、C、D、E、F、G、H 八个保镖。一次，有个杀手谋杀大富翁未遂，正在逃跑的时候，八个保镖都开枪了，杀手被其中一个人的子弹击中了，但不知道是谁击中的，下面是他们的谈话。

A："要么是 H 击中的，要么是 F 击中的。"

B："如果这颗子弹正好击中杀手的头部，那么是我击中的。"

C："我可以断定是 G 击中的。"

D："即使这颗子弹正好击中杀手的头部，也不可能是 B 击中的。"

E："A 猜错了。"

F："不会是我击中的，也不是 H 击中的。"

G："不是 C 击中的。"

H："A 没有猜错。"

事实上，八个保镖中有三个人猜对了，你知道谁击中了杀手吗？假如有五个人猜对，那么又是谁击中了杀手呢？

第55关 捐款的人

有两位失学儿童各收到一笔助学捐款。经多方查证，断定是甲、乙、丙、丁四人中某两个人捐的款。经询问。

甲说：不是我捐的。

乙说：是丁捐的。

丙说：是乙捐的。

丁说：我肯定没有捐。

最后经过确实，这四人中只有两个人说的话是真的。

根据上述条件，请判断下列哪项断定可能为真？

A：是乙和丁捐的。

B：是甲和丁捐的。

C：是丙和丁捐的。

D：是乙和丙捐的。

E：是甲和丙捐的。

第56关 谁写的信

有个人在看一封信。当有人问这个人在看谁写来的信时，这个人说："我没有姐妹，写信人的女儿是我母亲的孩子。"

读信人是男是女，其在读谁写来的信？

第57关 医务人员

医院的医务人员包括我在内，一共有16名医生和护士。而下面要讲到的人员情况，无论是否把我计算在内，都不会有任何的变化。在这些医务人员中：

（1）护士多于医生；

（2）男医生多于男护士；

（3）男护士多于女护士；

（4）至少有一位女医生。

根据以上表述，你能断定出说这段话的人是什么性别和职务吗？

第58关 古希腊少女

古希腊有 A、B、C 和 D 四位少女。她们正在接受成为预言家的训练。后来她们之中只有一个人成了预言家，并在特尔斐城谋得一个职位。其余三个人，一个成了职业舞蹈家，一个当了宫廷女侍，第三个当了演奏家。

一天，她们四个人在练习讲预言。

A 预言："B 无论如何也成不了职业舞蹈家。"

B 预言："C 将成为预言家。"

C 预言："D 不会成为演奏家。"

D 预言："我将嫁给一个叫阿特的男人。"

可是事实上，她们四个人中只有一个人的预言是正确的，而正是这个人当了预言家。

她们四个人分别成为什么人？

D 和阿特结婚了吗？

第 59 关 聪明的牧童

从前有个牧童进山采药。刚进山口突然被三个强盗拦住，他们拿着一块牌子，上面写着："我们三人有一人专说谎话，一人专说真话，还有一个一半说谎话一半说真话。只许过路人问一个内容一样的问题。我们回答只用'是'或'不'。如果你能分清我们三人分别是什么人，才放你过去，否则就杀了你！"牧童想了想，巧妙提了个问题，就顺利通过了。

你知道牧童问的是什么问题吗？

第 60 关 黑帽子

有一群人开舞会，每人头上都戴着一顶帽子。帽子只有黑白两种颜色，而且黑色的帽子至少有一顶。每个人都能看到其他人帽子的颜色，却看不到自己的。主持人先让大家看看别人头上戴的是什么颜色的帽子，然后关灯，如果有人认为自己戴的是黑帽子，就拍拍手。

第一次关灯，没有声音。于是再开灯，大家再看一遍，关灯时仍然鸦雀无声。一直到第三次关灯后，才有噼噼啪啪的拍手声响起。

请问有多少人戴着黑帽子？

第61关 并非十分富有

A、B、C三位都是十分杰出的女性，她们都各有一些令人瞩目的特点。

（1）这三个人当中，有两位非常聪明，有两位非常漂亮，有两位多才多艺，有两位十分富有。

（2）每位女性最多只有三个令人瞩目的特点。

（3）对于A来说，如果她非常聪明，那么她也十分富有。

（4）对于B和C来说，如果她们十分漂亮，那么她们也多才多艺。

（5）对于A和C来说，如果她们十分富有，那么她们也多才多艺。

那么，根据上面的表述，你能判断出是哪位女性并非是十分富有的吗？

第62关 高考

甲、乙和丙三人一起参加了今年的高考，考完后他们在一起讨论。

甲说："我肯定能考上重点大学。"

乙说："重点大学我是考不上了。"

丙说："要是不论重不重点，我考上一般大学肯定没问题。"

结果，等到成绩公布的时候，三个人中进入重点大学的、一般大学的和没进入大学的各有一人，并且他们三人的预言只有一人是准确的，另外两个人的预言与事实恰好相反。

那么，三个人中有谁考上了重点大学，谁考上了一般大学，谁没有考上大学？

第63关 老师的生日

小明和小强都是张老师的学生，张老师的生日是 M 月 N 日，两人都知道张老师的生日是下列 10 组中的一天，张老师把 M 值告诉了小明，把 N 值告诉了小强。

3 月 4 日　　3 月 5 日　　3 月 8 日

6 月 4 日　　6 月 7 日

9 月 1 日　　9 月 5 日

12 月 1 日　　12 月 2 日　　12 月 8 日

小明说："如果我不知道的话，小强肯定也不知道。"

小强说："本来我也不知道，但是现在我知道了。"

小明说："哦，那我也知道了。"

请根据以上对话推断出张老师的生日是哪一天。

第**64**关 该释放谁

看守所的看守亨利对刚来的值班警官说道："真糟糕！昨天伯金斯下班时留下便条，说昨晚他抓了两个打扮成牧师的流氓，其中一个是骗子，另一个是赌棍。可我今天早上接班时，却发现1号、2号、3号单人牢房关着的都是牧师打扮的人。其中一个似乎真是牧师，他是来监狱探望犯人的。可我实在分不清谁是牧师，谁是牧师打扮的赌棍和骗子了。"

"去问问他们，"警官建议道，"相信真正的牧师总是会讲实话的。""这话倒是不错，可我要是正好问到骗子呢？据伯金斯说，这个骗子是个撒谎的老手，他从来不讲真话；而那个赌棍撒不撒谎要看形势对他是否有利。"看守亨利说道。随后警官和看守亨利一起来到了单人牢房前。

"你是什么人？"警官问关在1号牢房里的人。"我是一个赌棍。"这人答道。

警官又走到2号牢房门前，问："关在1号的那个是什么人？""骗子！"2号牢房里的人回答道。

警官又问3号牢房里的人："你说，关在1号的是什么人？"3号牢房里的人回答说："他是个牧师！"

警官想了想，转身对看守说："很明显，你最好释放……"

请问，关在1、2、3号牢房里的分别是什么人？

第65关 谁向派克开的枪

派克和艾德终于找到了抢劫银行的歹徒藏匿的地方。两人试图潜入歹徒躲藏的302室。突然，大门开启，跑出四名男子对派克和艾德开枪。派克被四发子弹击中，不幸牺牲。歹徒却逃走了。

经过调查，这四个歹徒的名字是A、B、C和D。而从派克身上取出的子弹经检查都是从一把手枪中射出的，所以凶手是四人中的一个。警察还调查到：

1.四人中，有一人曾担任过法语老师，他是这群歹徒的首领；

2.C一直在巴结首领，但首领却不大信任他；

3.B、D和首领的妻子，三人是手足关系；

4.射杀派克的凶手和首领是好友，他俩曾在同一牢狱中服刑；

5.抢劫银行时，D和枪杀派克的凶手比其他人出力更多，所以两人都多拿了2万美元。

根据这些线索，你知道是谁射杀了派克吗？

第66关 是他们干的吗

某地发生一起特大黄金珠宝盗窃案。经证人指证及其他线索，警方知道有两名罪犯，并找到了 A、B、C、D、E、F 六名嫌疑人。

在对嫌疑人分别讯问时，有四人各说对了一个罪犯的名字，有一个人说的全不对。他们分别交代的内容如下。

A：是 E 和 B 作的案。

B：是 A 和 D 作的案。

C：是 F 和 B 作的案。

D：C 和 A 作的案。

E：A 与 F 作的案。

F：我不知道。

经过警方的分析和确认，他们最后认定这起盗窃案是由 A 和 E 联合作的案。

请问，警方的判断是否正确？

第**67**关 警长判案

警官史特勒手持一份案件的卷宗走进了警长的办公室，将其恭恭敬敬地放在上司的桌上。

"警长，4月14日午夜12时，位于剧院附近的一家超级商厦被窃去大量贵重物品，罪犯携赃物驾车离去。现已捕获了A、B、C三名嫌疑犯在案，请指示！"

警长看了得力助手一眼，翻开了案卷，只见史特勒在一张纸上写着：

"事实1：除A、B、C三人外，已确定本案与其他任何人都没有牵连。事实2：嫌疑犯C假如没有嫌疑犯A作帮凶，就不能到那家超级商厦作案盗窃。事实3：B不会驾车。请证实A是否犯了盗窃罪？"

警长看后哈哈大笑，把史特勒笑得莫名其妙。然后，警长三言两语就把助手的疑问给解决了。

请问，警长是怎样判案的呢？

第**68**关 性别组成

　　某嫌疑犯一家人按年龄大小顺序有甲、乙、丙、丁、戊、己、庚兄弟姐妹七人。只知道甲有三个妹妹，乙有一个哥哥，丙是女的，她有两个妹妹，丁有两个弟弟，戊有两个姐姐，己也是女的，但她和庚没有妹妹。

　　请想想，这七个人中，谁是男，谁是女？

第**69**关 家庭谋杀案

　　一个四口之家中发生了谋杀案。一对夫妇和他们的一儿一女中，有一个人杀死了另一个人，第三个人是谋杀的目击者，第四个人是从犯。此外，这四个人中：

　　1.从犯和目击者是异性；

　　2.年龄最大者和目击者是异性；

　　3.年龄最小者和死者是异性；

　　4.从犯比死者年龄大；

　　5.父亲年龄最大；

　　6.凶手不是年龄最小者。

　　这家的四口人中，谁是凶手？

第70关 姻亲关系

在一起集体犯罪案件中，警长得知 A、B、C、D、E 五个嫌疑犯为亲戚关系，其中四个人每人讲了一个真实的情况：

1.B 是我父亲的兄弟；

2.E 是我的岳母；

3.C 是我女婿的兄弟；

4.A 是我兄弟的妻子。

上面提到的每个人都是这五个人中的一个（例如：当有人说"B 是我父亲的兄弟"，你可以认为"我父亲"以及"我父亲的兄弟"都是 A、B、C、D、E 五人中的一个）。

上述四种情况各出自哪一人之口，这五个人是什么关系？

第 **71** 关 Ya 和 Ba 是什么意思

　　说谎岛上住着两种外表一样而品德截然相反的人：一种人总是说真话，而另一种人却总是说假话。

　　这个岛的语言，同世界上任何其他语言都不一样。例如，当人们提出一个要他们回答"是"或"不是"的问题时，他们就用"Ya"或"Ba"来回答。问题在于，岛外的人都不知道"Ya"是表达"是"，还是"不是"。例如，如果问他们中的一个人："Ya"是否指"是"？他们只是回答说"Ya"或"Ba"。

　　警长先生在这个岛旅游，得知这种情况后，决心要彻底弄清"Ya"和"Ba"到底是什么意思。有一天，他遇见一个土著人。当然，从外表上，警长无法判定这个土著人是哪种人。警长就想借助这个土著人，确定"Ya"或"Ba"指的是什么。于是，他就向这个土著人提出一个问题，这个土著人回答说"Ba"。警长根据这个土著人的回答，马上就推断出"Ya"和"Ba"各是什么意思了。

　　请问，警长提的是什么问题？"Ya"和"Ba"各是什么意思？

第72关 嘉利与珍妮

嘉利与珍妮是姐妹俩，她们转到了新学校上学。在愚人节这一天，姐妹俩约定：姐姐嘉利在上午说真话，下午说假话；妹妹珍妮在上午说假话，下午说真话。

嘉利与珍妮姐妹俩外貌酷似，只是高矮略有差别，简直分不清谁是姐姐，谁是妹妹。所以，当校长看到她们俩时，他也被弄糊涂了。但是他知道这一天姐妹俩的约定。

他问道："你们俩哪个是嘉利？"

"是我！"稍高的一个回答说。

"是我！"稍矮的一个也这样回答。

校长更加糊涂了。考虑了一会儿以后，他提出了一个问题："现在是几点钟呢？"稍高的一个回答说："快到中午12点了。"稍矮的一个回答说："12点已经过了。"根据两人的回答，校长马上就推断出了哪个是嘉利。

请问，校长看到姐妹俩是在上午，还是在下午？个子稍高的那个是嘉利，还是珍妮？

第73关 集体婚礼

三位男青年 A、B、C 在"五一节"这天即将与三位女士甲、乙、丙结婚。有个好事的人前去向他们探听各人的配偶。

A 说他要娶的是甲姑娘。

甲姑娘却说她将嫁给 C。

C 回答说他是与丙姑娘结婚。问者一时被搞得莫名其妙，直到他们六个人举行婚礼时才弄清楚了真相。原来 A、甲、C 三人说的都不是真话。

你能推理出到底谁与谁结为夫妻了吗？

第74关 彩色袜子

在衣柜抽屉中杂乱无章地放着 10 只红色的袜子和 10 只蓝色的袜子。这 20 只袜子除颜色不同外，其他都一样。

现在房间里一片漆黑，你想从抽屉中取出两只颜色相同的袜子。最少要从抽屉中取出几只袜子才能保证其中有两只配成颜色相同的一双？

第75关 发生在饭馆里的投毒案

古时候，甲、乙、丙、丁四人在饭馆里一起吃饭。突然间，丁大叫了一句："有人在饭菜中下毒！"就倒地毙命了。捕头接到报案后火速赶到现场，传讯了与丁一起就餐的三个人。三人在衙门里都录了口供。

由于每个被审问的人都说了两句真话、一句假话，使案情一时难以水落石出。

甲说："我没有毒死丁。""我是同丙坐在一起的。""店小二正在为我们上菜。"

乙说："丁坐在我的对面。""现在我们又有了新的店小二。""店小二没有毒死丁。"

丙说："乙没有犯罪。""是店小二毒死丁的。""凶手就在我们中间。"

甲在说"店小二正在为我们上菜。"之前说了一句假话。如果你是捕头，你能否根据这些口供，判断出谁是凶手呢？

第76关 现在几点

有一天，小白的表停了，就问小黑现在的具体时间。结果小黑为了捉弄小白就给他出了一道难题。

小黑是这样说的："如果再过 1999 小时 2000 分钟 2001 秒，我的手表正好是中午 12 点。你算算现在的具体时间吧。"小白当时一听就蒙了。

你知道小黑说的是几点吗？

第77关 最后一个字母

英语字母表的第一个字母是 A，那么最后一个字母是什么？

第78关 怎么猜到的

一位队长带着七个队员玩游戏。他让六个队员围坐成一圈，让另一名队员坐在中央。他拿出七块头巾，其中四块红色，三块黑色。然后蒙住七个人的眼睛，把头巾包在每一个队员的头上。然后解开周围六个人的眼罩，由于中央的队员的阻挡，每个人只能看到五个人头上头巾的颜色。这时，队长说："你们现在猜一猜自己头上头巾的颜色。"大家思索了好一会儿，最后，坐在中央的被蒙住双眼的队员说："我猜到了。"

请问：被蒙住双眼坐在中央的队员头上是什么颜色的头巾？他是如何猜到的？

第79关 隧道里的火车

两条火车隧道除了隧道内的一段外都是盘旋铺设的。由于隧道的宽度不足以铺设双轨，因此，在隧道内只能铺设单轨。

一天下午，一列火车从某一方向驶入隧道，另一列火车从相反的方向驶入隧道。两列火车都以最高速度行驶，但它们并未相撞，这是为什么？

第**80**关 谁是凶手

X庄园家族有两兄弟，为了争夺家产结了仇，见面都互不理睬。

有一天，人们发现哥哥死在街头，而弟弟却失踪了。

警方在现场调查发现：死去的哥哥的血型是A型，而在他身上，发现有AB型的血迹，警方认为是凶手留下的。

据调查，死者父亲的血型是O型，母亲的血型是AB型，但死者弟弟的血型是什么，却不清楚。

有人认为杀人凶手一定是死者的弟弟。

你根据上述材料想想看，失踪的弟弟会不会是凶手？

第**81**关 "天使""魔鬼"和"常人"

有三个美丽的姐妹，她们分别是"天使""魔鬼"和"常人"。"天使"总是说真话，"魔鬼"总是说假话，而"常人"则有时说真话有时说假话。

黑发美女说："我不是'天使'。"

灰发美女说："我不是'常人'。"

金发美女说："我不是'魔鬼'。"

你能判断出她们的身份吗？

第**82**关 谁偷吃了

苏珊买了一些水果准备去看望一个朋友，谁知，这些水果被她的一个儿子偷吃了，但她不知道是哪个儿子吃的，为此，苏珊非常生气，就盘问四个儿子谁偷吃了水果。

老大说："是老二吃的。"

老二说："是老四偷吃的。"

老三说："反正我没有偷吃。"

老四说："老二在说谎。"

这四个儿子中只有一个人说了实话，其他的三个都在撒谎。那么，到底是谁偷吃了这些水果？

第**83**关 买布

有个人到一家新开张的布店里要买两匹布，挑好之后问价钱。

店主说："开张大吉，今天只收半价。"于是，这个人说："既然是半价，那我买你两匹布，再把一匹布折合一半的价钱还给你。咱们就两清了。"

请问，这个人的说法成立吗？

第 84 关 记错的血型

甲、乙、丙、丁四人的血型分别是 A 型、B 型、O 型、AB 型四种血型中的一种，而且各不相同。

甲说："我是 A 型。"

乙说："我是 O 型。"

丙说："我是 AB 型。"

丁说："我不是 AB 型。"

其中有三个人说的是对的，只有一个人把自己的血型记错了。你能推理出究竟是谁记错了吗？

第 85 关 网球对抗赛

有一个公司开展网球对抗赛，比赛形式是双打。人员可以同性搭配，也可以是男女混合搭配。若队员人数出现单数，就允许重复上场。

设计部经理的手下男性比女性少四人，如果全员参加比赛，会出现重复上场的情况吗？

第**86**关 她能离婚吗

一位女士对她母亲说："我们夫妻俩对每件事的意见都有分歧，一年到头吵个不停。我想离婚，行不行？"她母亲考虑了一下，回答说："那是不可能的。"

你知道她母亲这样回答的根据是什么吗？

第**87**关 谁当上了记者

A报社决定在B单位招聘一名业余记者，B单位推荐赵、钱、孙、李、周、吴六人应试。究竟谁能被录用，甲、乙、丙、丁四位领导各自有了自己的判断。

甲："赵、钱有希望。"

乙："赵、孙有希望。"

丙："周、吴有希望。"

丁："赵不可能。"

而结果证明：只有一个人的判断是对的。请问，谁当上了业余记者？

第**88**关 问的学问

国王把一个外乡人和两个奴隶关在同一间房子里，并对外乡人说："这间房子有两扇门，从一扇门出去可以获得自由，从另一扇门出去只能沦为奴隶。这两个奴隶，一个从来不说谎话，另一个从来不说真话。"

说完，国王转身就走了。这间房子里只有两个奴隶知道门的秘密。按照国王的规定，这个外乡人只能向其中一个奴隶询问，只能提一个问题，而且他不知道两个奴隶中哪一个是说真话的。

你知道这个外乡人用什么方法才能使自己重新获得自由吗？

第**89**关 "百担榆柴"

师父让他的两个徒弟第二天每人拾回"百担榆柴"。

第二天，大徒弟一大早就扛起扁担，拿着斧头上山去了。二徒弟却从从容容地吃了早饭，背了些书，在山上找了个僻静地方读起来。大徒弟想：我身强力壮，师弟一定不是我的对手。他拼命劳作，到天黑才砍了99担榆柴。二徒弟直到天色晚了，才收拾起书，砍了一根粗柏树枝做扁担，又砍了两捆榆枝，挑着下山了。可师父却夸奖了只砍了一担柴的二徒弟，这是为什么？

第90关 两人过河

有两个人想过同一条河，但河上没有桥，只在河边发现了一条一次仅能载一个人的小船。两人打了一声招呼后就高兴地过河了。

请问他们是怎样过河的？

第91关 分苹果

幼儿园招考教师时，有这么一道考题："幼儿园有五个苹果，可小朋友却有六个。这苹果怎么分？"有个考生回答说："把每个苹果都切成六份，每个小朋友分五份就行了。"主考官说："这道题还有个要求，不能把苹果切成三份以上，所以你未答对。但允许你再考虑一分钟。"考生沉思了片刻，终于答对了。

你知道第二次考生是怎么分的吗？

第**92**关 并排在起跑线上

赛马场的跑马道600米长，现有甲、乙、丙三匹马，甲马一分钟跑两圈，乙马一分钟跑三圈，丙马一分钟跑四圈。

如果这三匹马并排在起跑线上，同时往一个方向跑。经过几分钟后，这三匹马自出发后第一次并排在起跑线上？

第**93**关 地毯的长度

有一个人想装修刚刚建成的房子，但是他必须在装修之前购买好装修必备的材料。

在所有的材料都购买齐全之后，他突然想到应该在一楼与二楼之间的楼梯上铺一条地毯，但是现在楼梯尚未安装，他还不知道阶梯的数量、高度和宽度。在这样的情况下，请问，他能把所需要的地毯的长度和宽度计算出来吗？

第**94**关 不翼而飞的10元

一天，三位好友一起到外地旅游，晚上住在当地的一家旅馆里。三个人各拿出100元付住宿费。后来老板知道他们三个人是自己的同乡，就只收了250元的住宿费，于是叫服务生把50元拿去退给他们。但服务生一时起贪念，从中拿走了20元，只退给三个人30元，每个人得10元。但是，100-10=90，表示每个人实际上只出了90元。然而，90×3=270，表示三个人凑了270元的房租。但是，270+20=290（元）。请问，还有10元到哪里去了？

第**95**关 卡片组数

在桌子上并排放有三张数字卡片组成三位数字216。如果把这三张卡片变换一下，则组成了另一个三位数，这个三位数恰好能用43除尽。

这是什么数，怎样变换呢？

第96关 没法分的马

从前，有一个老汉，临终前对三个儿子说："咱们家有17匹马，我死后，老大分1/2，老二分1/3，老三分1/9，但都必须分得活马。"老汉去世了，兄弟三人安葬了父亲，来到马圈，按老人的遗嘱分马，可是怎么分也分不开，兄弟三个谁也没有办法。

正在这时，一个邻居骑马路过这里，看到他们愁眉苦脸的样子，便上前问道："兄弟仨这般发愁，为了何事？"三兄弟把父亲的临终嘱咐和分马的难处告诉了他。这个邻居略一沉思，就想出了一个分马的好办法。

邻居的办法果然很好，三兄弟按老人的嘱咐分得了各自应得的马。你知道邻居是用什么办法把马分开的？

第97关 寻找戒指

当你把九个外形完全相同、重量完全相等的包裹都封好口后，发现你的一只戒指掉在其中一只包裹里了。而你不想把所有的包裹都打开。只称两次，你能确定戒指在哪只包裹里吗？

第98关 九点连线

如图所示，有九个圆点。

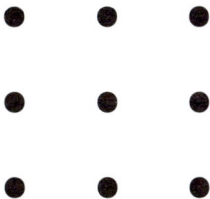

● ● ●

● ● ●

● ● ●

你能用四条直线一笔将这九个圆点连接起来吗？

第 **99** 关 找袜子

有两位盲人，他们都各自买了两对黑袜和两对白袜，八对袜子的布质、大小完全相同，而每对袜子都由一张商标纸连着。两位盲人不小心将八对袜子混在一起，他们能取回黑袜和白袜各两对吗？

第 **100** 关 分蛋糕

蛋糕房里的店员一天收到了一份奇怪的订货单：做九块蛋糕，装在四个盒子里，每个盒子里至少要装三块蛋糕。这可难倒了店员，但最终他还是给了顾客满意的答复。你知道他是怎么做的吗？

第**101**关 称米

一个袋子里装有 9 千克的米。现在有一个天平和 50 克与 200 克的两个砝码，只称三次，把米分成两份，其中一份 2 千克，另一份 7 千克，并分别装在两个袋子里。请问，应该怎样做？

第**102**关 壶中酒

有首诗这样描绘被称为"诗仙""酒仙"的李白一次饮酒赏花的情景。

李白无事街上走，提壶去买酒。

遇店加一倍，见花喝一斗。

三遇店与花，喝光壶中酒。

试问，壶中原有多少酒？

怎样用一种简便的方法计算出原来壶中有多少酒？

第103关 炸弹按钮

警察局技术科的考官在起爆器上设了四个按钮，按钮旁分别放着小刀、小圆镜、梳子和面霜。然后请考生根据这四件东西的含意去选定按钮，一次起爆成功。

有一个聪明的考生仔细观察了一番，起爆成功了，你能猜出他按的是哪个按钮吗？

第104关 奇特的经历

某人有过这样一次经历：他乘坐的船驶到海上后就慢慢地沉下去了，但是，船上的所有乘客都很镇静，既没有人去穿救生衣，也没有人跳海出逃，却眼睁睁地看着这条船全部沉没。

这是为什么？

第**105**关 星期几

如果今天是星期四，那么，42天以后是星期几？

第**106**关 星期几

如果今天是星期一，那么，19天以后是星期几？

第 **107** 关 星期几

如果今天是星期日，那么，51 天以后是星期几？

第 **108** 关 过了多久

经过了多少时间？

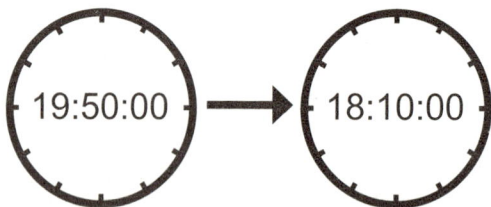

第**109**关 过了多久

经过了多少时间？

02:50:00 → 13:40:00

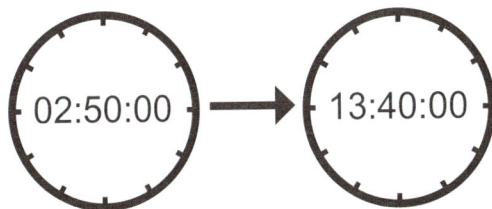

第**110**关 什么年

2018 年是狗年，那么，2034 年是什么年？

第111关 什么年

2015 年是羊年，那么，2050 年是什么年？

第112关 不杀极地熊

最初去南极的考察人员因为食物供应的问题，经常要挨饿，但他们从来不去捕杀极地熊，也没有人提出吃熊肉的要求，虽然他们都知道如何去捕杀极地熊。有人说这些考察人员有保护珍贵动物的意识，那你认为这是为什么？

第113关 月球飞鸟

月球上的重力只有地球上的1/6。有一种鸟在地球上飞 30 千米要 1 个小时，那么，这种飞鸟在月球上飞 30 千米要飞多长时间？

第114关 厨师煎蛋

有 5 个厨师在 5 分钟内煎好 5 个鸡蛋。按这样的比例，在 100 分钟内煎好 100 个鸡蛋，一共需要多少个厨师？

第115关 狗狗跑过的距离

姐妹两人从相距 400 米远的两地同时沿直线相向而行。姐姐和妹妹的速度都是 2 米 / 秒，在她们起步的一瞬间，她们养的狗狗从姐姐那里跑向妹妹，速度是 3 米 / 秒，当它遇到妹妹后，再转身跑向姐姐，就这样依次在两个人之间来回跑，直到姐妹相遇。在狗狗奔跑的过程中，这只小狗共跑了多少米？

第116关 同一地点

一位登山运动员登山，他一大早从山脚出发，到达山顶后在山顶待了一晚，第二天一大早又从山顶原路返回到山下。

请问，这个人在返途中，有没有一个地方是他前后两天同一时间经过的？

第117关 巧裁缝遇难事

最近，裁缝匠遇到了一件麻烦事。几天前有人送来一块长方形的布料，中间有一条窄长方形的空洞，说是让裁缝给补一下，补的料子就在这块布料上取，不过补好后整块布料要变成一个正方形，不准有零料剩余，而且不可以把布料剪成碎块，最多只可以剪成两块再拼上。

你能帮助这位裁缝解决这个难题吗？

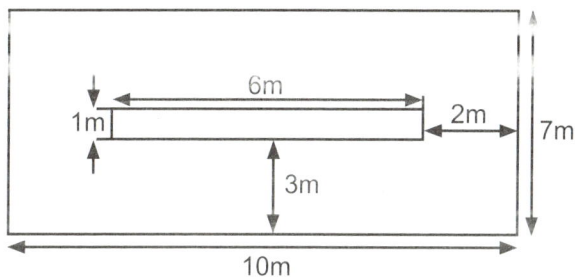

第**118**关 "孙子定理"

我国著名《算经十书》里《孙子算经》中有一道中外闻名的算题："今有物不知其数，三三数之剩二，五五数之剩三，七七数之剩二，问物几何？"题意是：现有一些物品，不知道它的数目。3 个、3 个计数，最后剩 2 个；5 个、5 个计数，最后剩下 3 个；7 个、7 个计数，最后剩下 2 个。

这些物品至少有多少个？

第**119**关 小猫过河身未湿

小冬在河的一侧，小猫在河的另一侧。小冬大声呼唤他的小猫的名字时，小猫飞快地过了河，跑到了小冬的身边。但是小猫的身上却是干的，一点儿都没湿。河上也没有桥，没有船。

你知道小猫是如何过河的吗？

第120关 青蛙跳井

有一只青蛙在井底，每天爬上 5 米，又滑下 3 米，已知井深 10 米，那么青蛙爬到这口井的上面一共需要几天？

第121关 不是双胞胎

有两个女孩在同一所学校上学，长得一模一样，出生年月以及父母的名字也都一样。别人就问她们："你们是双胞胎吗？"结果她们异口同声地回答："不是。"这是怎么回事呢？

第**122**关 这只熊是什么颜色

有一只小熊，它从北极点出发，往南走了 100 米，又往东走了 100 米，然后又往北走了 100 米，回到了起点。那么你知道这只行走的小熊是什么颜色的吗？

第**123**关 切七环金链

有一条金链由七个环组成。现要求你一周领一个金环，切割费用自付。你如何切才会让自己每周都能领到一个金环且花费最小？

第**124**关 鸡蛋坠而不碎

你站在一个水泥地上，手拿一个鸡蛋。现在让你把手中的鸡蛋松开，请问鸡蛋能向下掉落 1 米而鸡蛋不碎吗？

如果不可以，请说明理由；如可以，请说明做法。

第**125**关 细胞分裂的时间

一天，一位生物学家为了观察细胞分裂的过程，在实验室里把三个一模一样的细胞，分别装进两个材质与容量都相同的特制瓶子里。其中，第一个瓶子放进 1 个细胞，第二个瓶子放进 2 个细胞。

以下是这位生物学家作的记录：

（1）细胞每分裂 1 次，需要 3 分钟的时间；

（2）当第二个瓶子内充满细胞时，共经过 3 小时；

请问需要经过多长时间，第一个瓶子里才会充满细胞？

第126关 骗子骗钱

一个骗子到商店用100元面值的钞票买了9元的东西，售货员找了他91元，这时，他又称自己有零钱，给了9元而要回了自己原来的100元。

请问，他骗了商店多少钱？

第127关 未湿的手表

一个人不小心把自己的手表掉进装满咖啡的杯子里。他急忙伸手从杯子中取出手表。但是奇怪的是，他的手不但没湿，连手表也没有湿。

你认为他是如何做到的？

第128关 不准的闹钟

有一个闹钟的时间不准确，每小时总是慢5分钟，在4点的时候，用它和标准的时间对准。

那么，当标准时间走到几点的时候，这个闹钟的指针才能指到12点？

第129关 字母等式的运算

求下列算式：

（1）A+B-B+C-C+D-D+E-E=？

（2）A+E+D-B+C-E+B-C-D=？

（3）已知：A×B=3；B×C=4；C×D=5。

问：A×B×C×D=？

第130关 黑棋与白棋

如图所示，有两组图形，各由黑棋子与白棋子组成。

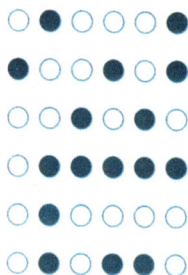

图1

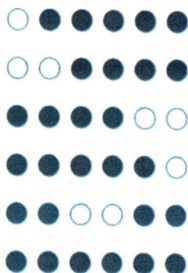

图2

请问，怎样才能尽快地知道在这两组图形中各有多少黑棋子？

第131关 月牙形阴影的面积

如图所示，有一个直径为 5 厘米的半圆形，现将其沿箭头方向平移 1 厘米。

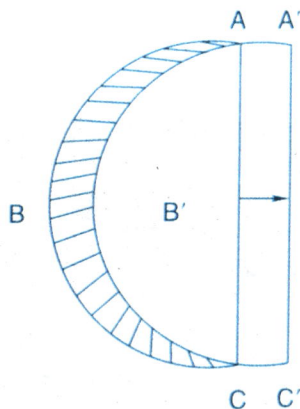

请问，移动后出现的月牙形部分的面积。（指阴影部分）

第 **132** 关 母鸡下蛋

一只母鸡想使每行（包括横、竖和斜线）中的鸡蛋不超过两个，它最多能在蛋格子里下几个蛋？你能在表格中标注出来吗？图中有两个鸡蛋已下好了，因而不能再在这条对角线上下蛋了。

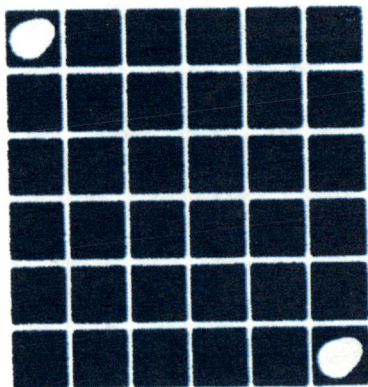

第**133**关 扩建水池

如图所示是一个正方形的水池。水池的四角栽有四棵树。现在要把水池扩建，把面积增大一倍，但要求扩建后的水池仍然是正方形，且不能移动树的位置，不被水淹没。你能做到吗？

第**134**关 木塞子的设计

如图所示，每块木板上都有三个不同形状的洞。现在要求设计两个木塞子，第一个木塞子能够分别塞住左面木板上的三个洞，第二个木塞子分别塞住右面木板上的三个洞。应该怎样设计这两个木塞子？

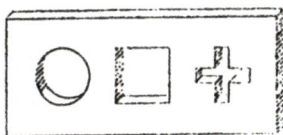

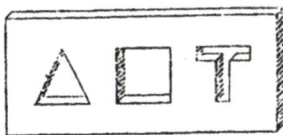

第135关 巧填不等式

把 1、2、3、4、5、6、7、8、9 这九个数分别填在下面的九个（）内，使不等式成立。

$$
\begin{array}{ccccc}
(\ ) & < & (\ ) & > & (\ ) \\
\wedge & & \wedge & & \wedge \\
(\ ) & < & (\ ) & > & (\ ) \\
\vee & & \vee & & \vee \\
(\ ) & < & (\ ) & > & (\ )
\end{array}
$$

第136关 所有窗户都朝北

一位富翁想要建一所特殊的房子，他要求房子的每个窗户都要面朝北，这下可难坏了很多前来应征建房的设计师们，因为按照常理，这样的房子是不可能建出来的。

你知道这个房子该如何建吗？

第**137**关 训练宠物狗

德国的柏根太太特别喜欢养宠物。一次，丈夫送了她一只小狗，她非常喜欢，想把它训练成一只听话的小狗，但她自己怎么训也训不好。恰巧这天，丈夫去美国出差，在美国要待一段时间才能回来。柏根太太特意让丈夫把小狗带到美国去找高级马戏师训练。

半年后，丈夫回国，把小狗带了回来，并告诉柏根太太小狗在美国那边训练得非常好，这只小狗已经可以做主人吩咐它做的很多复杂动作。但是，无论柏根太太怎么命令小狗，它都用眼睛茫然地望着柏根太太，无动于衷。

你知道为什么宠物狗不听话吗？

第**138**关 木条的含义

在某住宅小区发生了一起凶杀案。一位公司职员被杀死在家中。从现场看，死者似乎正在摆弄根雕，从同事口中也得知死者喜欢根雕艺术。现场的一切痕迹都遭到故意破坏，看来凶手和死者很熟悉。

令警察很难理解的是死者两只手合握着一根长木条，并试图将两只手合拢在一起，似乎是在向警方暗示什么。警长闻讯赶来后，仔细观察一番后说："我知道死者手中木条的含义，我们应按照死者留下的线索去破案。"

果然，他们很快抓到了凶手。那么，死者手中的木条到底有什么含义呢？

第139关 问路

人力资源部张部长带领男女员工一行 20 人参加登山团建活动。走到一处十字山路口，由于地方生疏，加上不少松树挡住了视线，不知目的地该往哪个方向走。这时迎面走来一位老大爷。

张部长上前问："老大爷，您知道到 ×× 地该向哪个方向走吗？"

老大爷说："要女的走开。"

张部长于是叫女员工走远一点。等她们走后，张部长又问："老大爷，她们已经走开了，您就说吧！"老大爷还是说："要女的走开。"张部长说："我身边没有女的了，怎么还要女的走开呢？"老大爷不吭声。

张部长眉头一皱，恍然大悟，一行人继续朝大爷指引的方向走去。

他们是怎样走的？

第140关 奇诗

第二次世界大战时，在德国法西斯占领下，巴黎的《巴黎晚报》上，刊载了一首无名氏用德文写的诗，表面看来是献给元首希特勒的：

"让我们敬爱元首希特勒，永恒英吉利是不配生存。让我们诅咒那海外民族，世上的纳粹唯一将永生。我们要支持德国的元首，海上的儿郎将断送远征。唯我们应得公正的责罚，胜利的荣光唯军队有份。"

难道这位法国无名作者真的这么厚颜无耻吗？不，巴黎人懂得这诗怎么读，他们边读边发出会心的笑声。不久，纳粹下令搜捕这位勇敢机智的无名诗人。

你知道这首诗该怎么读吗？

第**141**关 填空格

请你填上 1 至 8 的数字，使得横竖等式都成立。

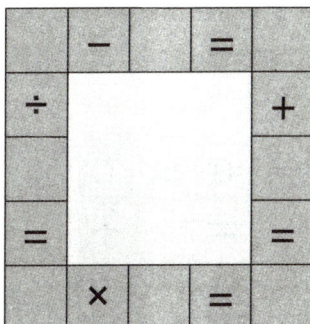

第**142**关 符号代数

图中有九个符号，分别代表数字 1 至 9。其中的"*"号代表运算符号：＋、－、×、÷。

你能根据这些条件确定图中每个符号所代表的数字吗？

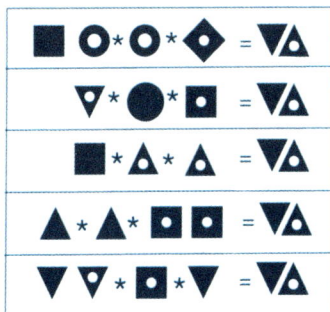

第**143**关 纵横等式

请从数字 1 至 6 中选择五个数字，分别填入空格里。要求相同字母格子中必须填写相同的数字，并且使各个等式的运算结果都成立。

$$
\begin{array}{cccc}
A & + & B & = & C & \times & D \\
\times & & = & & + & & + \\
D & & A & & B & & E \\
= & & \times & & = & & = \\
C & & A & & E & & A \\
- & & - & & + & & + \\
B & \times & D & + & A & = & C
\end{array}
$$

第**144**关 符号代数

请你用数字代替图中的符号，使得等式成立。

第**145**关 水果算术题

在这道加法题中，每一种水果都代表一个数字。每种水果代表什么数字呢？A、B处各填入多少数字？

第146关 问号处代表的符号

每个符号都代表一个数值,你能判断出问号处放什么符号吗? A、B处各填入什么数字?

♥	♠	♣	♣	28
♥	♦	♦	♦	26
♥	♠	♠	♣	21
♥	♣	♣	?	32
44	15	22	26	

第**147**关 怎样才能喝到橘子水

瓶子里装着橘子水，瓶口塞着软木塞，既不准打碎瓶子、弄碎软木塞，又不准拔出软木塞，那怎么做才能喝到瓶子里的橘子水？

第**148**关 奇妙幻方

幻方是起源于我国的一种填数字游戏，而三阶幻方就是在 3×3 的方格内，填上 1~9 个数，使它的每行、每列和两条对角线上的三个数之和都相等。这可不是一件容易的事情，你能填出来吗？

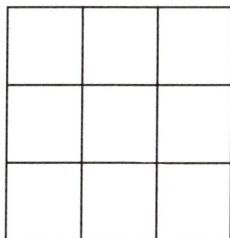

第149关 六个 "3" 和六个 "点"

用六个 "3" 和六个 "点" 组成几个数，使它们的和尽量接近数字 "10"，这是否可能？

第150关 多变的三角形

如图所示，有四个正三角形。

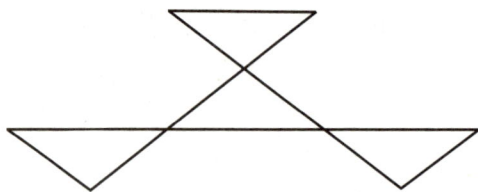

请问你能否再添加一个正三角形，使之变成 14 个正三角形？

第**151**关 相交的直线

我们都知道两条直线相交于一点；三条直线最多可以相交于三个点；四条直线最多可以相交于六个点。

下面所示的五条直线相交于九个不同的点。你能否画出五条直线交于十个点？五条直线最多可以相交于几个点呢？

两条直线相交一点

三条直线相交三点

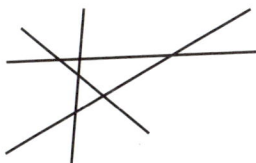

四条直线相交六点

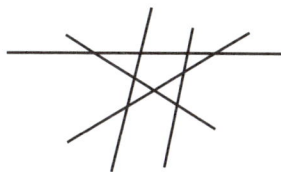

五条直线相交九点

第152关 改变楼房形状

小白和小黑在玩火柴游戏，小白看见窗外的楼房，就用火柴摆了两个楼房的模型。小黑看后对他说："移动其中的四根火柴，就能让这个大楼房变成两个不一样大的正方形，你知道怎么移动吗？"

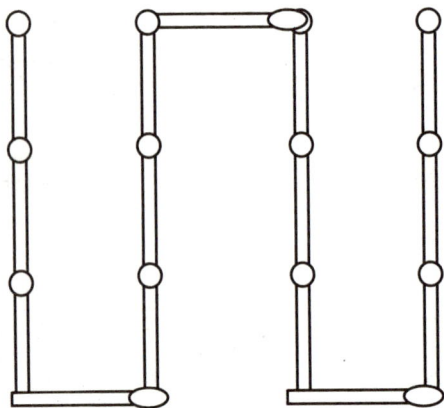

第**153**关 圆弧

半径为 5 厘米的三个圆弧围成如下图所示的区域，其中弧 AB 与弧 AD 为 1/4 圆弧，而弧 BCD 是一个半圆弧，请你求出这个区域的面积。

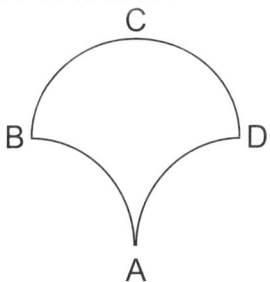

第**154**关 正方形的面积

一个边长为 5 厘米的正方形，它的内部还有一个正方形，如图所示。

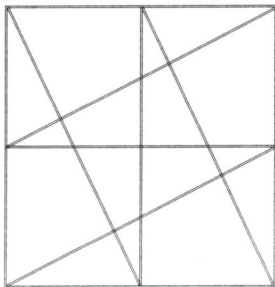

你能快速说出中间那个正方形的面积吗？

第155关 编辑值班表

某报社编辑部共有四个编辑，分别负责新闻、经济、文化、体育版。他们的值班时间安排是这样的。

新闻：周一上午，周二、周四全天。

经济：周三上午，周四下午，周五全天。

文化：周一全天，周二下午，周三下午。

体育：周一下午，周二上午，周三全天。

请问，

（1）假如经济编辑只有在其他编辑累计都至少值班了一个整天后才值班，那么他最早要在哪一天才开始值班？

（2）编辑部规定，必须要有一个编辑单独值班一整天，以便检查工作。那么在每个编辑都不能改变自己的值班时间安排的情况下，哪一个编辑可以承担这项工作？

第**156**关 三家分苹果

有张三、王四、李五三家，商定九天之内每家各打扫三天楼梯。由于李五家有事，没能打扫成，而由张三家打扫了五天，王四家打扫了四天。李五家买了9斤苹果以表谢意。

问：按张三、王四家所付出的劳动，应该怎样分配这9斤苹果？

第**157**关 大苹果与小苹果

有两筐各30千克的苹果要卖。其中，一筐大苹果每2千克卖6元，另一筐小苹果每3千克卖6元。这时有个人过来说："这样分开卖，还不如搭配着卖。2千克大苹果搭配3千克小苹果，一共卖12元。"卖苹果的认为这个建议合理，就开始搭配着卖。于是这个人又说："那我就全买了。5千克搭配苹果12元，60千克为12×12=144（元）。"

卖完苹果后，卖苹果的人发现上当了。问：卖苹果的人怎么上当的？

第158关 铁水成铁锭

有一炉铁水，浇铸成铁锭后，其体积比铁水缩小了 1/34。而后又把铁锭冶炼成铁水。

请问，重新冶炼后，其体积增加了多少？

第159关 左邻右舍

有一户人家，左边邻居是一家木匠铺，右边邻居是一家铁匠铺。这两家邻居一天到晚叮叮当当，吵得这一户人家不能很好地休息。于是有一天，这户人家主人与两位邻居商量："只要二位愿意搬家，我情愿现在就宴请二位。"这两位邻居听后欣然允诺。宴请完毕，这两位邻居说好当晚就连夜搬家。

第二天一早，这户人家又被叮叮当当地敲打声吵醒了。请问，这两位邻居失言了吗？

第**160**关 两枚古钱币

有个人收购了两枚古钱币，后来又以每枚 60 元的价格出售了这两枚古钱币。其中的一枚赚了 20%，而另一枚赔了 20%。

请问，与当初他收购这两枚古钱币相比，这个人是赚了，赔了，还是持平？

第**161**关 加减乘除

有数 a、b、c，已知 a>b，b>c，a=b+c。

但经过一番证明，却有另一种结果如下：

a=b+c

a（a-b）=（b+c）（a-b）　　两边同乘以（a-b）

a^2-ab=ab-b^2+ac-bc　　两边展开

a^2-ab-ac=ab-b^2-bc　　将 ac 移到左边

a（a-b-c）=b（a-b-c）　　两边提出公因数

a=b　　两边同除以（a-b-c）

用同样的方法，还可以证明 a=c。

问：这是怎么回事？

第162关 升斗的妙用

　　一个长方形的升斗，它的容积是 1 升。现在要求你只使用这个升斗，准确地量出 0.5 升的水。应该怎么办才能做到呢？

第163关 无法跨过的铅笔

　　放一支铅笔在地上，要使任何人都无法跨过，怎么做？

第164关 字母推理

如果 D 等同于 P，那么 L 等同于什么？是 A、M、W 还是 T？

第165关 "渎职"的警察

在美国城市街道的交叉路口上，明文规定着，有步行者横过公路时，车辆就应停在人行道前等待。可是偏偏有个汽车司机，当交叉路口上还有很多人在横过马路时，他却突然撞进人群中，全速向前跑。这时旁边有个警察看了也无所谓，并没有责怪他，你知道是为什么吗？

第**166**关 小狗多多

小狗多多被一根 1 米长的绳子拴在一棵树上。它想到它的狗食盆那儿去，盆子离它 1.5 米远。于是多多跑去并开始吃起来。没有诡计，绳子没有断，树也没有弯。那么多多是怎么做到的呢？

第**167**关 多余的字母

每个圆圈里都有一个字母是多余的，你知道是哪一个吗？

A

B

第168关 紧急避免的车祸

有一辆没有开任何照明灯的卡车在漆黑的公路上飞快地行使，天还下着雨，没有闪电、没有月光也没有路灯；就在这时，一位穿着一身黑衣的盲人横穿公路！在这千钧一发之际，汽车司机紧急地刹车了，避免了一次恶性事故的发生。为什么会是这样呢？

第169关 赛跑

A、B、C、D四个孩子赛跑，一共赛了四次，其中A比B快的有三次，B比C快的有三次，C比D快的也有三次。大家可能很容易想到D一定跑得最慢。但事实却是，在这四次比赛中，D比A快的也有三次。

你能说出这是怎么回事吗？

第170关 找规律填字母

哪个字母能填在问号处，完成这个谜题？

	T	
V	R	
X	P	
Z	N	
B	?	
D	J	
F	H	

第171关 侧影拼图

侧影拼图下面的六块拼图可以拼出一个正在踢球的运动员的形象。你知道应该怎么拼吗？

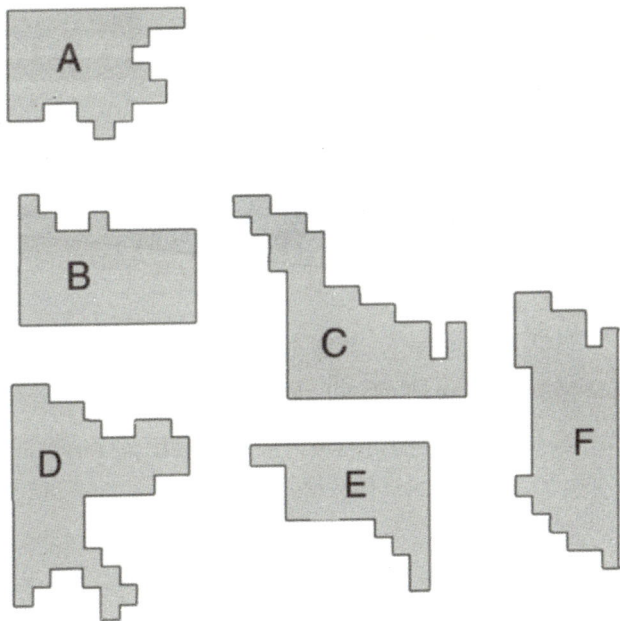

第172关 巧得1000元

父亲对儿子说："这里有1000元，如果你能猜到我正在想的事，便可获得这1000元。"儿子当然希望得到那1000元，便不断思索，终于有了一个好办法。当父亲听完儿子的答案，不得不把这1000元给了儿子。

那么，儿子的好办法是什么呢？

第173关 划拳比赛

将四人编为一组，共两个组八个人一起划拳，规定最后有一方即使剩下一个人也算是胜方。

为了提高获胜的可能性，应该采取什么样的作战方式才好？

第174关 姐妹俩

美美、丽丽、可可、爱爱这四位女士在工作间歇时用了些咖啡点心，正在付款。

1. 有两位女士，身上带的硬币总金额各为60美分，都是硬币，且枚数相同，但彼此间没有一枚硬币面值相同。

2. 有两位女士，身上带的硬币总金额各为75美分，都是硬币，且枚数相同，但彼此间没有一枚硬币面值相同。

3. 美美的账单是10美分，丽丽的账单是20美分，可可的账单是45美分，爱爱的账单是55美分。

4. 每位女士都一分不少地付了账，而且不用找零。

5. 有两位女士是姐妹俩，她们付账后剩下的硬币枚数相同。

已知硬币面值有四种，分别是5美分、10美分、25美分和50美分。

你能推断出哪两位女士是姐妹吗？

第175关 乘火车

在火车票还没有实行实名制时，有三位乘客在火车票代售点各自订了一张火车票，分别去往不同的方向。

甲是上海人，乙是北京人，丙是广州人。他们三个人一个去上海，一个去北京，一个去广州。送票的人把火车票送来时，他们故意开起了玩笑。甲说他不想去上海，乙说他不想去广州，丙说他既不去北京也不去广州。

你知道这三张火车票怎么分配吗？

第176关 投资问题

甲、乙两个人一起开了一家工厂，甲当初投入的资金是乙投入的资金的1.5倍。后来，丙也要入伙，他拿出了250万元投资。这时，甲、乙、丙想让他们三个人占有的股份相等，所以决定将这250万元由甲、乙两个人分了。

请问，他们应该如何分这笔钱？

第**177**关 生日

A、B、C、D、E五个人的生日是挨着的。

A的生日比C的生日早的天数，正好等于B的生日比E的生日晚的天数。

D比E大两天。

C今年的生日是星期三。

请问，其他四个人的生日都是星期几？

第**178**关 能用的子弹

三个人到森林里打猎，三个人平均分配所有的子弹。在每人射击四次后，三人所剩子弹总数和分配时每人所得的子弹数相等。

请问，分配时有多少发子弹？

第179关 商店

步行街两旁并排开了六家商店，分别是A、B、C、D、E、F。现在，知道以下信息：

1. A店的右边是书店；

2. 书店的对面是花店；

3. 花店的隔壁是面包店；

4. D店的对面是E店；

5. E店的隔壁是冷饮店；

6. E店跟书店在街的同一侧。

请问，A是什么店？

第180关 谁受伤了

甲、乙、丙、丁、戊五个人都非常喜欢马。一天，他们五个人结伴到马场骑马。不幸的是，他们当中有个人因为马受惊了而受了伤。

A. 甲是单身汉。

B. 伤者的妻子是丁的妻子的妹妹。

C. 戊的女儿前几天生病住院了。

D. 乙目睹了整个事故发生的过程，决定以后都不再骑马了。

E. 丁的妻子没有外甥女也没有侄女。

请问，你可以通过以上信息判断一下是谁受伤了吗？

第 1 关 写字

22 次。

写 0~9 这十个数字时，每个蘸一次墨；而写 10~15 这六个数字时，由于是两位数，每个就要蘸两次墨。10+6×2=22（次）。

第 2 关 分装装苹果

分别装的苹果数为 60、16、6、6、6、6。

因为 100 的个位数是 0，所以六个数目的个位不能都为 6，只能是五个 6，即 5×6=30，那另一个数的个位就是 0。那么，个位数为 0 的，十位数就是 6，也就是 60。

100-30=70，70-60=10，所以有一个数的十位数是 1，即有一个数是 16。

其他的四个数都是 6。

答案

第3关 谁是学习委员

山山是学习委员。

班长是女孩，文文是男孩，所以文文不是班长。又知山山不是班长，所以班长是立立。

文文和学习委员住在一个小区，所以文文不是学习委员而是体育委员。

所以，山山是学习委员。

第4关 钥匙

最多需要试54次。

第一个房间最多需要试10次，第二个房间最多需要试9次……第九个房间最多需要试2次，第十个房间不需要试。

所以最多的次数就是10+9+8+7+6+5+4+3+2=54（次）。

第5关 他说谎了吗

他们没有说谎。

在太平洋中的180度经线上，是国际日期变更线。凡是经过这条线的船只都要变更日期。

从上海开往美国的船只一驶离这条线就要少算一天；而从美国开往上海的船只一驶离这条线就要多算一天。甲在1月1日还没到国际日期变更线，第二天正好驶离这条线，而这天还是1月1日。乙在12月31日还没到国际日期变更线，第二天正好驶离这条线，而这天已经是1月2日了。

答
案

第6关 有趣的算术题

504。

"减去7后正好被7整除"，其实就是这个数能被7整除；"减去8后正好被8整除"，其实就是这个数能被8整除；"减去9后正好被9整除"，其实就是这个数能被9整除，所以这个数就是7×8×9=504。

第 7 关 古老传说

彼得是 16 号。

你只要画一下就能知道了。同样，如果是 32 人、64 人，也是 32 号、64 号的人可以活下来。

第 8 关 牛虎过河

需要六次。

第一次，一头牛和一只老虎过河，一头牛返回。

第二次，两只老虎过河，一只老虎返回。

第三次，两头牛过河，一头牛和一只老虎返回。

第四次，两头牛过河，一只老虎返回。

第五次，两只老虎过河，一只老虎返回。

第六次，两只老虎过河。

第9关 画家

一比一的比例付钱。

不管两个画家画画和调色的速度如何，只要他们各自都完成了五幅画，就应该得到同样的酬劳。

第10关 猜名次

第一名是丁，第二名是乙，第三名是甲，第四名是戊，第五名是丙。

观察题中条件，发现有三组预测的情况一致：（1）甲和丁预测乙第二；（2）乙和戊预测丁第二；（3）乙和丙预测戊第四。（1）和（2）不会同时发生。

条件（2）发生时，甲和丁预测的乙第二就是错的，那么丙是第三，也是第一，显然是不对的。

如果（1）成立，那么乙是第二，丙不是第一也不是第三；丁不是第二，戊是第四，甲是第三；丙是第五，丁是第一。条件（1）成立也包含了条件（3）成立。

第 11 关 男生女生

最后一个是女生。全年级共有男生67人，女生23人。

观察一下排列顺序，除了前两人外，是三男一女的四人一循环。

90–2=88（人），88÷4=22（组）。

所以，男生有22×3+1=67（人），女生有22×1+1=23（人）。

第 12 关 鹦鹉

1号鹦鹉来自A地，2号鹦鹉来自B地，3号鹦鹉来自C地。

2号鹦鹉和3号鹦鹉说的话是矛盾的，所以一定是一真一假。说假话的必定是B地来的鹦鹉。

如果2号鹦鹉说的是假话，那么2号鹦鹉来自B地。3号鹦鹉如果来自A地，那么1号鹦鹉来自C地。但1号鹦鹉都是假话，和题目不符。3号鹦鹉如果来自C地，那么1号鹦鹉来自A地，和题目相符。

如果3号鹦鹉说的是假话，那么1号鹦鹉来自一直说假话的B地。而说了假话的3号鹦鹉来自C地，和题目不符。

第 13 关 零用钱

这是祖孙三代：爷爷、爸爸和儿子。

爷爷给了爸爸 150 元；而后，爸爸给了儿子 50 元，自己剩下 100 元。所以两个儿子也就是爸爸和儿子一共有 150 元。

答

案

第 14 关 亲兄弟

甲的弟弟是 D，乙的弟弟是 B，丙的弟弟是 A，丁的弟弟是 C。

因为丁说的是真话，所以乙说的是假话。因为乙说的是假话，所以丙的弟弟不是 D，那丙就不是说真话的那个。综上所述，甲说的是真话，并且他是 D 的哥哥。

丙说的是假话，丁的弟弟是 C。甲说的是真话，乙的弟弟不是 A，那就是 B 了。最后丙的弟弟是 A。

第 15 关 总能赢

先放的人若遵循以下规则可以总是获胜：将第一枚硬币放在桌子的正中心，然后每一枚硬币都放在对手所放硬币的对称位置。

第 16 关 谁是冠军

D 是冠军。

假设甲的预测是正确的，那么丙的预测也是正确的，不符合题意。

假设乙的预测是正确的，那么他认为冠军是 C 或 D；丙的预测是错误的，他说 D 不是冠军，综合乙和丙的预测，D 是冠军。

假设丙的预测是正确的，那么他认为冠军是 A、B、C 中的一人，而甲的预测错误，那么冠军不会是 A 或 B，乙的预测错误，那么冠军不会是 C 或 D，他们之间是矛盾的，不符合题意。

综上所述，D 是冠军。

第17关 矿石

这块矿石是铁矿石。

甲和乙都说不是铁矿石，要么他俩判断都对，要么判断都错。

乙和丙说得正相反，他俩一个人的两个判断都对，一个人的两个判断都错。那么甲就是那个判断一对一错的人。

如果"不是铁矿石"是对的，那么甲说的"也不是铜矿石"就是错的，那这块矿石是铜矿石；乙说的"应当是锡矿石"也是对的，那这块矿石就是锡矿石，二者矛盾。

如果"不是铁矿石"是错的，那么甲说的"也不是铜矿石"就是对的；乙说的"应当是锡矿石"也是错的。丙说的都是对的，这块矿石是铁矿石。

第18关 预测天气

不会出太阳。

过了72小时，北京又到了半夜12点，当然不会出太阳了。

第 19 关 野炊分工

老大洗菜，老二淘米，老三烧水，老四担水。

老大、老二、老三都不担水，所以老四担水。

老四担水了，所以老大洗菜。

老三不淘米，所以老二淘米，老三烧水。

第 20 关 投篮

从多到少依次是：戊、乙、甲、丁、丙。

进球数：乙＞甲＞丁；戊＞乙；丙最少。

所以就是戊＞乙＞甲＞丁＞丙。

第21关 盒子上的话

C盒子里有梨。

A和D盒子上的话是矛盾的，所以一定是一真一假。那么，B和C盒子上的就都是假话。所以，C盒子里有梨。

第22关 到达的时间

星期一。

一个星期七天，有两天三家店都休息，餐厅一星期营业五天，那就是星期一、星期二、星期五、星期六、星期日餐厅营业。第二天和第三天餐厅都休息，说明这两天是星期三和星期四，那第一天就是星期二。而这个第一天不是外地人到达的当天，是之后的第一天，所以，外地人到达小镇的时间是星期一。

第 23 关 拔河比赛

丁 ＞乙 ＞甲 ＞丙

由（1）可得甲＋乙＝丙＋丁

由（2）可得乙＋丙＜甲＋丁

由（3）可得乙＞甲＋丙

由（1）推出丁＝甲＋乙－丙

由（2）推出丁＞乙＋丙－甲

将上述两式进行代入置换，可得：甲＋乙－丙＞乙＋丙－甲

推出甲＞丙

又因甲＋乙＝丙＋丁

推出乙＜丁

又因乙＞甲＋丙

推出丁＞乙＞甲＞丙

第 24 关 喝咖啡

一杯咖啡。

无论兑水稀释了多少次，都只有最开始的那一杯咖啡。

第 25 关 谁是嫌疑人

作案者可能是丙。

如果甲真，丁也一定真。与题干条件矛盾。甲一定假。

如果乙真，丁也一定真。与题干条件矛盾。乙一定假。

这样，丙和丁就一定是一真一假了。

当丙真、丁假时，无人作案；

当丙假、丁真时，作案者是丙。

由于有两种可能，所以作案者可能是丙。

第 26 关 明星的年龄

丁说得对。

根据题干可以得知四个人对女明星年龄的看法。甲认为女明星的年龄 ≤ 25，乙认为女明星的年龄 ≤ 30，丙认为女明星的年龄 >35，丁则认为女明星的年龄 <40。四个人中只有一个人说的是正确的。现假设甲说的是真的，则乙、丁也为真，与前提矛盾；假设乙为真，则丁所说也为真，与前提矛盾；假设丁为真，则当这位女明星的年龄是 31 ～ 35 岁之间时，符合题目要求。如果丙为真，则甲、乙必为假，但丁可能为真，也可能为假。丁为假的可能仅有这位明星在 40 岁上之时，所以丁说得对。

第 27 关 珠宝失窃

甲说的是假话，因此，甲是犯罪嫌疑人。

由题干可知，乙和丁所说互相矛盾，则其中必有一人说的是真的。假设乙说真话，那么丁说真话，甲也说真话，这与题干相矛盾，假设不成立。所以丁说的是真话，其余三人说的是假话。犯罪嫌疑人是甲。

第 28 关 三人猜帽子的颜色

他戴的是红帽子。

离墙最远的那个人必然看到了两顶红色的帽子，或者一顶红色帽子和一顶黑色帽子。因为如果他看到的是两顶黑色的帽子，便能知道自己所戴的是红色的帽子。

中间的那个人看到的必然是红色的帽子，因为如果他看到的是黑色的帽子，他就能从第一个人的回答中知道自己必然戴着红色的帽子。因此，面对墙的最前面的那个人便能推出自己只能戴着中间那个人看到的是红色的帽子。

第 29 关 被偷的钻石

由贵妇人的点数方式，我们可以看出每一次点数都要从上端开始，因此，首饰匠只要在水平一排的两端各偷走一颗钻石，再把底下的一颗钻石移到顶上，即可使其奸计得逞，骗过贵妇人。

答案

第 30 关 四个小偷

甲说的是真的。

所有的人都偷了表。甲跟丁矛盾，由题义知只有一人说了真话，那么甲跟丁之间必有一真，则乙和丙说的话是假的。而丙与丁说的话相吻合，如丁说的是真的，则丙说的也是真的，所以甲说的是真的。

第 31 关 装珠宝的箱子

打开第二个箱子。

如果第一个箱子的话是真的，那么第二个箱子的话也是真的，这自相矛盾。由此可判断第一个箱子的话是假的。

第一个箱子上的假话有三种可能。

第一种可能，前半部分是假的。如果前半部分是假的，珠宝在第一个箱子里，则第二个箱子上的话是假的，这时，根据第二个箱子的判断，珠宝在第二个箱子里，这和上面的判断冲突。

第二种可能，后半部分是假的。如果后半部分是假的，那么，珠宝在另外一个箱子里，并且第二个箱子上的话是真的，可以判断珠宝在第二个箱子里，这也是矛盾的。

所以，最后一种可能，第一个箱子上的话都是假的，这时，珠宝在第二个箱子里，并且第二个箱子里的话是假的，这时根据第二个箱子的判断，珠宝在第二个箱子里。

第 32 关 仓库失火

乙和丙说的是真话，甲和丁说的是假话。

甲和乙的话相互矛盾，其中必有一假。丙和丁两人中也必有一真一假。

如果丁的话真，丙的话也一定真，与题义明显不符。所以，丁的话一定是假的，是丁作的案。这样，实际情况就与甲的说法矛盾而与乙说的相一致。所以，在甲、乙二人中，甲说的是假话，乙说的是真话。

第 33 关 谁是班长

A 与 F 同班，B 与 H 同班，C 与 E 同班，D 与 G 同班。

按照题意，做表如下所示。三次会议都参加的 B 必然与三次会议都没参加的 H 同班；其他结论也可得出。

会议	参加人员							
	A	B	C	D	E	F	G	H
1	○	○	○	○				
2		○		○	○	○		
3	○	○			○		○	

第 34 关 谁杀了医生

甲是凶手。

由于每个人说的都是假的，所以把每个人的话反过来就是事实。

A. 这四个人中的一人杀害了医生。

B. 甲离开医生寓所的时候，医生已经死了。

C. 乙不是第二个去医生寓所的人。

D. 乙到达医生寓所时，医生还活着。

E. 丙不是第三个到达医生寓所的人。

F. 丙到达医生寓所的时候，医生已经死了。

G. 凶手是在丁之后去医生寓所的。

H. 丁到达医生寓所的时候，医生仍然活着。

根据这些真实情况，D、H、B、F，乙和丁是在甲和丙之前去医生寓所的。根据C，丁必定是第二个去的，那么乙就是第一个去的。根据E，甲必定第三个去的，从而丙是第四个去的。

医生在第二个去他那儿的丁到达的时候还活着，但在第三个去他那儿的甲离开的时候已经死了。因此，根据真实情况A，杀害医生的是甲或者丁。

再根据真实情况G，确定甲是凶手。

第 35 关 谁的房间居中

丙住在中间的房间。

根据题中的条件，每个人的嗜好组合必是下列的组合之一。

（1）咖啡、狗、雪茄

（2）咖啡、狗、烟斗

（3）咖啡、猫、雪茄

（4）咖啡、猫、烟斗

（5）茶、狗、雪茄

（6）茶、狗、烟斗

（7）茶、猫、雪茄

（8）茶、猫、烟斗

根据"没有一个抽烟斗者喝茶"可以排除上面的（6）、（8）。

根据"至少有一个养猫者抽烟斗"，（4）是某个人的嗜好组合。

根据"任何两人的相同嗜好不超过一种"，（2）、（3）可以排除；（5）、（7）不可能分别是某两人的嗜好组合；因此，（1）必定是某人的嗜好组合。

根据这一条件，还可以排除（5），于是余下的（7）必定是某人的嗜好组合。

再根据"甲住在抽雪茄隔壁；乙住在养狗者隔壁；丙住在喝茶者的隔壁"这三个条件，可以推出甲的嗜好为（4），乙的嗜好为（7），丙的嗜好为（1）。

那么，他们三人的房间顺序可为甲–乙–丙或是甲–丙–乙。

再根据"至少有一个喝咖啡者住在一个养狗者的隔壁"，甲与丙相邻，所以判定丙的房间居中。

第 36 关 谁是医生

汤姆是医生。

从题意中给出的信息可知，汤姆、卡尔都不是推销员，所以乔治是推销员。

推销员的年龄比医生大，则卡尔不是医生而是律师，汤姆是医生。

第 37 关 王牌

黑桃是王牌花色。

据（1）、（2）、（3），此人手中四种花色的分布是以下三种可能情况之一：

（a）1237；

（b）1246；

（c）1345。

根据（6），情况（c）被排除，因为其中所有花色都不是两张牌。根据（5），情况（a）被排除，因为其中任何两种花色的张数之和都不是6。因此，（b）是实际的花色分布情况。

根据（5），其中要么有两张红心和四张黑桃，要么有四张红心和两张黑桃。根据（4），其中要么有一张红心和四张方块，要么有四张红心和一张方块。综合（4）和（5），其中一定有四张红心；从而一定有两张黑桃。因此，黑桃是王牌花色。

概括起来，此人手中有四张红心、两张黑桃、一张方块和六张梅花。

答案

第 38 关 涂立方体

你能够涂成 1 块全红，1 块全蓝，1 块 5 面红 1 面蓝，1 块 5 面蓝 1 面红，2 块 4 面红 2 面蓝，2 块 4 面蓝 2 面红，2 块 3 面红 3 面蓝。总共涂成 10 块不同的立方体。

第 39 关 他有罪吗

张三有罪。

假设李四无罪，根据（1）、（3）和（4），那么张三或王五有罪；根据（2），王五只有伙同张三才作案。这样，张三必定有罪。

如果李四有罪，根据（3），他也必定要伙同张三或王五作案；如果伙同张三作案，张三必定有罪；如果伙同王五作案，由于（2），张三也必定有罪。所以，不论李四有没有罪，张三都有罪。

第 40 关 谁是外来人

甲是说谎者，乙是外来人，丙是诚实人。

甲不可能是诚实人，因为诚实人不会承认自己是外来人。

如果甲是外来人，则乙说的是真话，因而是诚实人。这样，丙就是说谎者。但丙说的是真话，不可能是说谎者。因此，甲不是外来人，而是说谎者。

因为甲是说谎者，所以乙说的是假话，因而要么是说谎者，要么是外来人。由于甲是说谎者，所以乙是外来人，丙就是诚实人。

第 41 关 说谎的日子

这一天是星期一。

如果这一天是星期一，前天（星期六）则是王东说实话的日子，但在星期一他又说谎，因此，在星期一王东会说"前天我说谎话"。而星期六是李平说谎的日子，而星期一是他说实话的日子，所以，在星期一李平会说"前天我说谎话"。所以，这一天应该是星期一。

第 42 关 白马王子

丙是芳芳心中的白马王子。

有三位男士是高个子，另一位不是高个子。而乙和丙都是高个子；丙、丁中有一个高个子，所以丁不是高个子。

丁至少符合一个条件，既然他不是高个子，就不会是"白马王子"，那么他一定是小麦肤色的人。

甲、乙要么都是小麦肤色，要么都不是。由于丁是小麦肤色，所以甲、乙都不是小麦肤色的人。所以丙一定是小麦肤色的人。

丁不是高个子，甲、乙都不是小麦肤色，而丙既是高个子又是小麦肤色，因而他一定是英俊的。

甲是高个子；

乙是高个子；

丙是高个子、小麦肤色、相貌英俊；

丁是小麦肤色的人。

所以丙是芳芳心中的白马王子。

第43关 天气预报

无雨。

天气预报是前天的，所以预报中说的今天就是前天。

（1）前天和大前天天气不同。

（2）如果昨天和大前天天气一样的话。

（3）如果昨天和前天天气一样的话，那么今天和大前天天气一样。

前天下雨了，根据（1），大前天无雨。

如果昨天也下雨了，那么今天是大雨，但题目说明今天有雨，所以（3）不成立。

综上，昨天与前天的天气不一样，故昨天的天气是无雨。如果把答案说成为"昨天是晴天"，那就不准确了，因为与雨天不同的天气也可能是阴天。

第44关 案犯潜逃

管理员在绞断大楼电箱保险丝的同时保留了电梯的保险丝，所以案犯可以乘电梯逃走。

既然题意提示从21楼跑下至少需要两分钟，而案犯在一分钟之内逃脱，则可以断定案犯不是从楼梯逃掉的。由于管理员是案犯的同伙，则可由此判断是管理员帮助案犯逃跑的。大楼内一片漆黑，则证明大楼电箱的保险丝断了。由此可以推断是管理员切断大楼电箱的保险丝但同时保留了电梯的保险丝，才让罪犯成功潜逃。

答案

第 45 关 未婚妻

小张将要和 D 结婚。

由（1）、（3）、（4），我们能够推断出，D 和 E 当中必定有一位是与 A 和 C 属于同一个年龄段的，因此可以判断出 A 和 C 都小于 30 岁。所以，按照（7）的说法，小张是一定不会同 A 或 C 结婚的。

而根据（2）、（5）、（6），可以推断出，C 和 D 当中有一人一定和 E 从事同样的职业，因此可以判断出 B 和 E 是秘书。所以，按照（7）的说法，小张是一定不会同 B 或 E 结婚的。

排除以上四位，那么我们就能得出将要和小张结婚的是 D，而她一定是一位年过 30 岁的教师。

其他女士的情况为：

A 是小于 30 岁的教师；

B 是大于 30 岁的秘书；

C 是小于 30 岁的秘书；

E 是小于 30 岁的秘书。

第46关 鉴定古董

考古学家就是从古董上刻着的"公元前12年"这几个字判断出来的。因为公元前的人是不可能用公元纪年的，更不可能在上面刻下公元纪年的准确年份。

第47关 绅士和小人

被问者回答的是"没有"。

在这里被问者只能有两种回答："有"或者"没有"。如果被问者回答的是"有"，那么路人不能根据这句话判断他们中是否有绅士。如果回答"没有"，则说明被问者是小人，而另一个是绅士。因为被问者不会在自己是绅士的情况下回答"没有"的。

路人既然能得出判断，说明被问者回答的是"没有"。

第 48 关 这里的水可以喝吗

水是可以喝的。

旅行家与村民说的第一句话就是要试探这位村民说话的真假。因为那天天气晴朗，旅行家说"今天的天气真好啊"，村民回答"是的"，说明对方一定是个说实话的人。所以水可以喝。

第 49 关 吃馒头

大徒弟一次吃两个馒头，肯定要比二徒弟一次吃一个馒头慢。当二徒弟吃完第一个馒头的时候，大徒弟肯定没有吃完两个馒头。二徒弟就可以同时抓起笼子内剩下的两个馒头慢慢地吃。等大徒弟吃完两个馒头的时候，笼内已经没有馒头可吃了。这样，按照师父的规定，二徒弟肯定是会赢的。

第50关 满地木屑

高个子侏儒把盲人侏儒家的家具都削短了，那个盲人摸到以为是自己长高了，就离开了。

答 案

第51关 吹牛

小孩问："你用什么来盛这些液体呢？"

既然这些液体任何东西都可以溶解，自然也就没有容器能够盛得下它。

第52关 有趣的问题

他的第一问题是："你愿意和我一起去吃饭吗？"第二个问题是："对这个问题的回答，与对第一个问题的回答是一样的吗？"

如果女孩对第一个问题说"不"，那么对于第二个问题，她无论说"是"还是"不"，都在逻辑上自相矛盾。所以，女孩别无选择，只能对第一个问题回答"是"。

答案

第53关 图形的相似性

C。

图1中第二个图形为三条线，其中两条线的走势与第一个图形三角形的两条斜线走势相同，而第三个图形中的三条线与三角形的线条的走势完全一致。

图2中第二个图形中的两条线奈的走势与该框中第一个图形的两条线条走势相同，另一条则走势不同。按上述规律，第三个图形的三条走势应与第一个图形完全相同，所以只有C答案正确。

第 54 关 大富豪保镖

如果八个保镖中有三位猜对，杀手是 C 击中的；如果八个保镖中有五人猜对，杀手是 G 击中的。

因为 A 与 F、E 与 H、B 与 D 的说法相互矛盾，所以这三组人中每组都是一人猜对、一人猜错。有三个人猜对时，C 与 G 猜错，即杀手是 C 击中的。有五个人猜对时，C 与 G 猜对，即杀手是 G 击中的。

答案

第 55 关 捐款的人

C 的断定可能为真。

乙和丁的说法矛盾，所以他们中有一人说的是真话。如果乙和甲说的是真话，那么，捐款人是丙和丁。如果乙和丙说的是真话，那捐款人就有三个人了。

如果丁和甲说的是真话，那么，只可能丙一人捐款。如果丁和丙说的是真话，那么，捐款人是甲和乙。

根据选项只有 C 可能。

第 56 关 谁写的信

读信人是女性，她在读自己的父亲或母亲写来的信。

第 57 关 医务人员

说这段话的人是一位女护士。

由于医生和护士的总数是 16 名，由条件（1）和（4）可以断定：护士至少有 9 名，男医生最多有 6 名。再根据（2）就能判断出，男护士必定不足 6 名。根据（3），女护士的人数少于男护士，所以可以断定男护士一定多于 4 名。根据上述推断，男护士多于 4 人少于 6 人，故男护士的人数必定是 5 人，所以护士的人数就是 9 人，其中包括 5 名男护士和 4 名女护士。由此可以推出男医生恰好是 6 人，这样，就只有一位女医生。即男医生 6 人、男护士 5 人、女护士 4 人、女医生 1 人。

如将一名男医生排除在外，那么就与（2）矛盾；如果把一名男护士排除在外，那么就与（3）矛盾；如果把一名女医生排除在外，那么就与（4）矛盾；如果把一名女护士排除在外，则不与任何一条相矛盾。因此可以断定，说这段话的是一位女护士。

答案

第58关 古希腊少女

A 是预言家，B 是宫廷女侍，C 是舞蹈家，D 是演奏家。D 没有和阿特结婚。

由 B 的预言"C 将成为预言家"可知，B 没有成为预言家，因为，如果 B 成为预言家，那么她的预言就应该是正确的，那么 C 将成为预言家。这与"只有一个预言家"是相矛盾的。

既然 B 的预言是不正确的，那么 C 也没有成为预言家，所以 C 的预言也是错误的。既然 C 的预言错误，那么 D 最后成了演奏家，而 A 自然就是预言家。

所以由此可以判断出，B 成了宫廷侍女，而 C 是舞蹈家。D 最终也没有嫁给那个叫阿特的男人。

第59关 聪明的牧童

牧童问的是"你会说话吗"。

通常情况下，说话是每个人都会做的事情，除非对方身有残疾或患有疾病，没有办法说话。牧童问强盗："你会说话吗？"如果是说真话的强盗就一定会回答"是"，而说谎的强盗则一定会回答"不"，那么剩下的一个强盗就是一半说真话一半说假话的了。

第60关 黑帽子

三人。

第一次关灯没有拍手声，说明戴黑帽子的不止一人，如果只有一个人的话，他看到周围的人都是白帽子，就能断定自己戴的是黑帽子，那么在第一次关灯后就会有拍手声。

第二次关灯没有拍手声，说明戴黑帽子的不止两个人。如果有两个人戴黑帽子，在第一次关灯没有拍手声后，他们就能断定自己戴的也是黑帽子，因为除了他们看到的对方之外，其他人都是白帽子，那么在第二次关灯后就会有拍手声。

第三次关灯有拍手声，说明戴黑帽子的有三个人。因为前两次关灯都没有人拍手，说明除了自己看到的两个戴黑帽的人之外，还有其他人戴着黑色的帽子，可是除了那两黑帽子都是白帽子，那么就能断定自己也戴着黑帽子。

第 61 关 并非十分富有

C 并非十分富有。

根据（3）和（5），如果 A 非常聪明，那么她也多才多艺。根据（5），如果 A 十分富有，那么她也多才多艺。根据（1）和（2），如果 A 既不聪明也不富有，那么她也是多才多艺。因此，不论是哪一种情况，A 总是多才多艺的。

而根据（4），如果 C 十分漂亮，那么她也多才多艺。根据（5），如果 C 十分富有，那么她也多才多艺。根据（1）和（2），如果 C 既不富有也不漂亮，那么她也是多才多艺。因此，不论是哪一种情况，C 也都是多才多艺的。

于是，根据（1），B 并非多才多艺。再根据（4），B 并不漂亮。从而根据（1）和（2），B 应该是既聪明又富有的。再根据（1），A 和 C 都十分漂亮。于是根据（2）和（3），A 并不聪明。从而根据（1），C 很聪明。最后根据（1）和（2），A 应该很富有。因此，可以判断出 C 既漂亮又聪明，但是却并不富有。

答案

第 62 关 高考

乙考上了重点大学，丙考上了一般的大学，而甲没考上大学。

首先假设甲的预言是正确的，那么甲和乙就都考上了重点大学，这与"只有一人考上重点大学"相矛盾。所以，由此可知，甲的预言是错误的。

再假设乙的预言是正确的，那么据此可以得出丙没有考上大学，而乙和甲都只考上了一般的大学，这也"只有一人考上一般大学"相矛盾。所以，由此可知乙的语言也是错误的。

最后假设丙的预言是正确的，那么就可以依此推测出乙考上了重点大学，甲没有考上大学，而丙则考上了一般的大学，因此，丙的预言是正确的。

第 63 关 老师的生日

张老师的生日是 9 月 1 日。

1. 小明说："如果我不知道的话，小强肯定也不知道。"

M 取什么值？显然 6 和 12 不可取，如果 M 为 6 或 12，N 就有可能是 2 或 7——小强凭 2 或 7 一个数字就能得知张老师的生日。则 M 只可能是 3 或 9，而 N 只能在 1、4、5、8 中取值。

如果 M 是 3，N 可以取三种值，就成了"如果小明不知道，小强有可能知道，也有可能不知道。"，在这种情况下，小明说"如果我不知道的话，小强肯定也不知道"是不符合事实的。如果 M 是 9，则小明就知道 N 只能是 1 或者 5。此时，就出现了小明说的"如果我不知道的话，小强肯定也不知道"。

2. 小强说："本来我也不知道，但是现在我知道了。"

再次说明 N 不为 2 或 7，同时，小强也知道了"M 不是 6 或 12，M 只剩下 3 和 9 可取"。若 N 是 5，则小强应该说"本来我也不知道，现在我还是不知道"。根据第一节的推断，N=1，所以小强才能说"本来我也不知道，但是现在我知道了"。

3. 小明说："那我也知道了。"

不管小强怎么回答，小明都将知道正确答案。如果小强说"我还是不知道"，那么小明可以知道只有 N=5 会让小强茫然，因此答案是 9 月 5 日；如果小强说"我知道了"，那么就必然是 9 月 1 日。

答案

第 64 关 该释放谁

1号牢房—骗子，2号牢房—牧师，3号牢房—赌棍。

从 1 号牢房的人的回答可以知道 1 号牢房里的人不是牧师。由此可知，3 号牢房里的人说假话，他也不是牧师。所以，牧师在 2 号牢房，而 3 号牢房里的人说的这句是真话，所以他是赌棍。那么，在 1 号牢房的就是骗子了。

第 65 关 谁向派克开的枪

B 向派克开的枪。

根据条件 5 可知，D 不是凶手。

根据条件 2 可知，C 不是首领，不得首领信任。

根据条件 3 可知，B、D 不是首领。

根据条件 4 可知，首领不是凶手，首领信任凶手。

综上所述，A 是首领，A、D 不是凶手，C 不得 A 信任，所以首领 A 信任的是 B，B 是凶手。

第66关 是他们干的吗

警方的判断是正确的，A和E是这起盗窃案的案犯。

除了回答不知道的F，其余五人中有一人说的全不对。

若A说得全不对，则罪犯不是B和E，那么其他四人不是各说对一个名字。

若B说得全不对，则罪犯不是A和D，那么其他四人也不是各说对一个名字。

若C说得全不对，则罪犯不是B和F，那么A说E是罪犯，E说A是罪犯，B和D都说A是罪犯。所以罪犯是A和E。

第67关 警长判案

A犯了盗窃罪。

1.如果B是有罪的，则他必须有个帮凶，因为他不会驾车。若C有罪，则A也有罪。所以B的帮凶可能是A，也可能是A和C。

2.如果B是清白的，则推出A有罪或A和C同时有罪。

综上所述，无论B是否有罪，C是否有罪，A都有罪。

第 68 关 性别组成

丙、丁、乙是女的，甲、乙、戊、庚是男的。

从"甲有三个妹妹""乙有一个哥哥"，可知全家共有三个女的。

再从"丙是女的，她有两个妹妹"及"戊有两个姐姐，己也是女的，但她和庚没有妹妹"，可以推出丙、己、丁是女的，甲、乙、戊、庚是男的。

第 69 关 家庭谋杀案

母亲是凶手。

由于年龄最小者和死者是异性，可知死者不是年龄最小者。从犯比死者年龄大，可知从犯是父或母。年龄最大者和目击者是异性，而父亲年龄最大，因此，目击者是女性。从犯和目击者是异性，故从犯是男性因而是父亲。

如果死者是女性，则由年龄最小者和死者是异性，可知年龄最小者是男性并是凶手（因为目击者也是女性），但由于"凶手不是年龄最小者"，因此，死者是男性即儿子，并因而年龄最小者是女性，即女儿。

同样因为凶手不是年龄最小者，所以，凶手是母亲，女儿是目击者。

第 70 关 姻亲关系

1是D讲的；2是B讲的；3是E讲的；4是C讲的。

B和C是兄弟俩；A是B的妻子；E是A的母亲；D是C的女儿或儿子。

答案

第 71 关 Ya 和 Ba 是什么意思

　　他向这个土著人提的问题是："你是总说真话的人吗？"或者是："你是总说假话的人吗？"根据这个土著的回答，就可以确定"Ya"和"Ba"是什么意思。

　　因为对于"你是总说真话的人吗"这个问题，无论是对岛上哪一种居民来说，都只能有一个回答："是。"既然这样，"Ba（或Ya）"就是"是"的意思了。对于"你是总说假话的人吗"这个问题，唯一的答案是"不是"。这样，"Ba（或Ya）"就是"不是"的意思。

第 72 关 嘉利与珍妮

当时是上午，个子稍高的是姐姐嘉利。

假设当时是下午，那么嘉利是说假话的，珍妮是说真话的。当校长问"你们当中哪个是嘉利"时，无论稍高的还是稍矮的都会说"不是我"，而她们俩却都说"是我"。可见当时不是下午，而是上午。既然当时是上午，那么"快到中午12点了"这句答话是真话，也即稍高的一个是说了真话。在上午说真话的是嘉利，所以稍高的是嘉利。

第 73 关 集体婚礼

A 与丙，B 与甲，C 与乙分别是夫妻。

因 A、甲、C 三人都说谎，所以 A 不娶甲，甲也不嫁 C，所以甲嫁给 B。C 不娶丙，所以 C 娶乙。剩下就是 A 娶丙了。

第74关 彩色袜子

最少取出三只。

题目中并没有限定是一双红色袜子，它只要求取出两只颜色相同从而能配对的袜子。如果取出的头两只袜子不能配对，那么第三只肯定能与头两只袜子中的一只配对。因此正确的答案是最少取出三只袜子。

第75关 发生在饭店里的投毒案

丙是凶手。

根据提示，甲在讲"店小二正为我们上菜"之前说了一句假话，可以判断出，"店小二正为我们上菜"这句话是真话。那么，乙的口供中"现在我们又有了新的店小二"是假话，由此断定，他说的另外两句是真话。因此乙也不是凶手。再回过头来看甲的口供，"我是同丙坐在一起的"是假话，"我没有毒死丁"是真话。综上所述，甲、乙与服务员都不是凶手。所以丙是凶手。

答案

第76关 现在几点

19点6分39秒。

换算一下，1999小时2000分钟2001秒就是2032小时53分21秒，即84天16小时53分21秒。就是再过16小时53分21秒是中午12点。所以，现在就是19点6分39秒。

第77关 最后一个字母

T。

你可能脱口而出是"Z"，可是难道你不觉得这样答太容易了吗？Z是26个英文字母中的最后一个，题中问的是英语字母表的最后一个字母。正确答案应该是T。因为alphabet（字母表）的第一个字母是A，最后一个字母是T。

第 78 关 怎么猜到的

红色。

　　周围的六个人只能看到五个人头上的头巾颜色，由于中间那个队员的阻挡，每个队员都无法看到与自己正对面的人的头巾颜色。他们无法判断自己头巾的颜色，说明他们所看到头巾的颜色是三红两黑。剩下一黑一红是他们和自己正对着的人的头巾颜色，这就说明处于正对面的两个人都包着颜色相反的头巾，那么中间的人就只能包红色头巾了。

答案

第 79 关 隧道里的火车

两列火车是在下午的不同时间驶入隧道的。

第 80 关 谁是凶手

弟弟不是凶手。

有关不同血型的人结婚，生出子女的血型如表所示。

一方血型	另一方血型	孩子可能的血型	孩子不可能的血型
A	A	A、O	B、AB
B	B	B、O	A、AB
A	B	A、B、O、AB	
AB	A	A、B、AB	O
AB	B	A、B、AB	O
O	A	O、A	B、AB
O	B	O、B	A、AB
O	AB	A、B	O、AB
AB	AB	A、B、AB	O
O	O	O	A、B、AB

　　由上表可知，AB 型和 O 型血液的人结婚，子女的血型只能是 A 型或者 B 型的，不会有 AB 型。所以失踪的弟弟不是凶手。

第81关 "天使""魔鬼"和"常人"

黑发美女是"常人"，灰发美女是"天使"，金发美女是"魔鬼"。

首先，黑发美女一定不会是"天使"，因为"天使"只说真话，如果她是"天使"的话，那么她就不能说自己"不是'天使'"。并且，黑发美女也一定不会是"魔鬼"，因为"魔鬼"只说假话，这样一来，她说的"我不是'天使'"就变成了真话。所以，黑发美女只能是"常人"。

其次，灰发美女不可能是"常人"，因为前面已经确定了黑发美女才是"常人"。而且，她也不可能是"魔鬼"，否则她说"我不是'常人'"就是真话，而"魔鬼"是从来不会说真话的。所以，由此可以断定，灰发美女是"天使"。既然"常人"和"天使"都已经确定了，那么剩下的金发美女就只能是"魔鬼"了。

答案

第82关 谁偷吃了

老三偷吃了水果。

如果老大说的实话，那么老三、老四也说了实话。

如果老二说的实话，那么老三也说了实话。

如果老三说的实话，那么老四也说了实话。

如果老四说的实话，那么不是老四偷吃的，不是老二偷吃的，是老三偷吃的。

第83关 买布

不成立。

"两匹布的半价等于一匹布"是个诡辩。

第84关 记错的血型

甲或乙把血型记错了。

1. 假如甲记错，那么甲不是 A 型，而乙是 O 型，丙是 AB 型，因此甲必为 B 型，丁必为 A 型。

2. 假如乙记错，那么，乙不是 O 型，而甲是 A 型，丙是 AB 型，丁是 O 型，乙是 B 型。

3. 假如丙记错，那么丙不是 AB 型，而丁也不是 AB 型，所以丙没有记错。

4. 假如丁记错了，那么丁是 AB 型，而丙也是 AB 型，所以丁没有记错。

由上可知，四个人中要不是甲记错，就是乙记错，所以只可能是上述两种情况中的一种。

第85关 网球对抗赛

会。

如果男女差四人，那么设计部经理的部下或者男女人数都是偶数，或者男女人数都是奇数。总之，人数和是偶数。包括经理本人在内，设计部的人数是奇数。因此，必有一个人要出场两次。

第 86 关 她能离婚吗

不能。

因为这对夫妇对每件事的意见都有分歧，那么妻子想离婚，丈夫不想离；而丈夫想离婚，妻子又不想离。总之，两人难以在离婚问题上达成共识。

第 87 关 谁当上了记者

李当上了记者。

推理这道题的关键是"只有一个人的判断是对的"。甲、乙都说"赵有希望"，则赵被排除了。丁说"赵不可能"，所以，只有丁的判断是对的。也就意味着其他五个人都可能，那么根据题意，钱被排除了（甲说钱有希望），孙被排除了（乙说孙有希望），周、吴也被排除了（丙说他们有希望）。所以，只有李当上了记者。

第88关 问的学问

外乡人只要对任何一个奴隶问："如果我要求你的伙伴指出那扇通向自由的门，那么他会指向哪扇门呢？"这样不管对方是说真话，还是说谎话，都会指出那扇可以使他沦为奴隶的门。据此，他就可以断定，另一扇门必定是通向自由的。

第89关 "百担榆柴"

原来师父想考考两人的才智。他说的是"柏担榆柴"，而不是"百担榆柴"。"百"与"柏"同音，大徒弟脑筋没有转过弯来。

第 90 关　两人过河

两个人分别在河的两岸，一个人乘船到对岸后再交给另一个人，对岸的人就可以乘船过河了。

第 91 关　分苹果

三个苹果每个分成两份，两个苹果每个分成三份，每个小朋友各得其中一份。

第92关 并排在起跑线上

一分钟。

这三匹马每分钟都会排在起跑线上，不需要另外计算。

第93关 地毯的长度

可以的。

我们只需要把要与楼梯构成直角三角形的地面长度和墙壁的高度测量出来就可以了，这两者就是所需地毯的长度和宽度。

因为每个台阶的高度之和就等于墙壁的高度，台阶的宽度之和就等于地面的长度，所以说只需知道这两者就可以了。

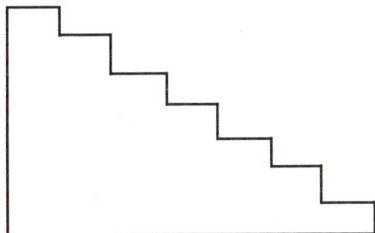

答案

第 94 关 不翼而飞的 10 元

每个人确实只出了 90 元，所以 90×3=270，也就是实际上进出的只有 270 元，而不是 300 元。

270 元中，老板收了 250 元，服务生拿走了 20 元，所以正确的算法应该是 250+20=270，不多不少。题目中的 270+20 根本是子虚乌有，是偷换命题的错误算法。

第 95 关 卡片组数

恰好用 43 除尽的三位数有 129、172、215……与"216"比较怎样变动可以满足要求。可将"216"中"21"左右交换为"12"，再把"6"的那张卡片上下倒置变为"9"即可变为"129"被 43 所除尽。

第96关 没法分的马

邻居把自己的一匹马也加在一起分，那么老大得了九匹，老二得了六匹，老三得了两匹。正好剩下一匹，这一匹就是邻居的。

第97关 寻找戒指

先把包裹分成三个一组，取其中两组称。如果秤上有一组比较重，那么戒指在这三个包裹的一个里面；如果秤上两组一样重，那么戒指在另外三个包裹的一个里面。然后，在比较重的那组中的三个包裹里取两个摆到秤上称，如果有一个比较重，那么戒指就在这个包裹里；如果两个一样重，那么戒指就在不在秤上的那个包裹里。

第 98 关 九点连线

（答案不唯一）

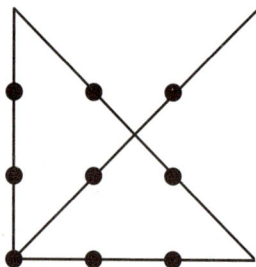

第 99 关 找袜子

可以。

袜子不分左右，所以将袜子拆开，每双袜子各拿一只，这样他们就能取回两对黑袜和两对白袜。

第100关 分蛋糕

先将九块蛋糕分装在三个盒子里，每个盒子放有三块蛋糕，再把这三个盒子一起放在一个大盒子里，再用带子扎好。

第101关 称米

第一次称：用天平将米平均分成两份，即每份4.5千克。第二次称：将称好的一份米在通过天平均分成两份，每份2.25千克。第三次称：将200克与50克的砝码叠加，然后从一份2.25千克的米中称出0.25千克，就能得到2千克的米，剩余的即为7千克。

第 102 关 壶中酒

用反向倒推的方法。壶中原有 7/8 斗酒。

第 103 关 炸弹按钮

按下梳子旁的按钮，因为寓意"一触即发"。

第 104 关 奇特的经历

他们坐在潜水艇里。

第 105 关 星期几

星期四。

七天为一个星期，42 天就是 42÷7=6（周），所以，42 天后和今天一样，都是星期四。

第 106 关 星期几

星期六。

19÷7=2（周）余 5（天），今天是星期一，五天后是星期六，所以，19 天后是星期六。

第 107 关 星期几

星期二。

51÷7=7（周）余 2（天），今天是星期四，两天后是星期二，所以，51 天以后是星期二。

第 108 关 过了多久

过了 22 小时 20 分钟。

这是从第一天，到了第二天。若第二个表盘也显示为 19:50:00，则正好过了 24 小时。现在显示的时间 18:10:00 距离 19:50:00 还差 1 小时 40 分钟，则 24 小时－1 小时 40 分钟＝22 小时 20 分钟。

第109关 过了多久

过了 10 小时 50 分钟。

这是一天当中的时间变化。第二个表盘若显示为 13:50:00，则刚好过了 11 小时。现在显示的时间 13:40:00 还差 10 分钟，则 11 小时－10 分钟＝10 小时 50 分钟。

答
案

第110关 什么年

虎年。

12 生肖 12 年一轮回。2034－2018＝16（年），16÷12＝1 余 4，2018 年过四年即 2022 年是虎年，则 2034 年也是虎年。

第 111 关 什么年

马年。

12 生肖 12 年一轮回。2050 − 2015 = 35（年），（35 + 1）÷ 12 = 3，2015 年是羊年，2014 年就是马年，2050 年与 2014 年同为马年。

第 112 关 不杀极地熊

南极没有极地熊。极地熊是北极熊，并不生活在南极。所以即使他们想吃，在南极也吃不着，因为根本没有捕杀的机会。

第113关 月球飞鸟

飞不了多久，也许刚扑腾几下翅膀就会死掉。

因为月球上没有氧气，飞鸟不能呼吸，自然也就飞不了多远。

第114关 厨师煎蛋

5个厨师。

可以分析一下，既然5个厨师5分钟煎好了5个鸡蛋，那么他们当然可以用同样的速度连续不断地继续煎下去，再经过5分钟，就能再煎好5个鸡蛋。亦即5个厨师用10分钟煎好10个鸡蛋。按这种规律推算，5个厨师20分钟煎好20个鸡蛋……100分钟可以煎好100个鸡蛋。

第 115 关 狗狗跑过的距离

300 米。

姐姐和妹妹的速度都是 2 米 / 秒，她们将在路程的中点相遇，用时是 100 秒。在这 100 秒的时间内，小狗以 3 秒 / 米的速度跑了 300 米。这就是它跑的距离。

第 116 关 同一地点

有。

假定有两个人在同一天的一大早分别从山顶和山脚同时出发，相向而行，那么他俩在途中一定会在某个地方相遇。而这个地方就是本题的答案。

第117关 巧裁缝遇难事

这道题首先应从面积着手，这块布料的面积为 $10 \times 7 - 6 \times 1 = 70 - 6 = 64$（平方米）。因此把这块布料补成正方形后，其边长应该是 8 米。

我们可以像下图所示的阶梯式剪开布料。把剪下来的两块布料重新拼合，就得到了边长为 8 米的正方形。

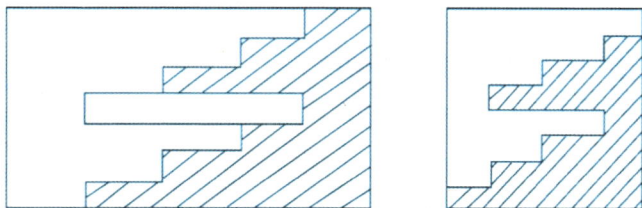

第118关 "孙子定理"

23。

解题方法不唯一。先寻找"用 3 除余 2"的自然数，有 5、8、11、14、17、20、23……128……

再寻找"用 5 除余 3"的自然数，有 8、13、18、23……128……

再寻找"用 7 除余 2"的自然数，有 9、16、23、30……128……

于是发现，符合题意的自然数有 23、128……

其中最小的一个数是 23。

答
案

第 119 关 小猫过河身未湿

这是冬天，河水结冰了，小猫是从冰上过河的，所以身上会没有水。

第 120 关 青蛙跳井

4 天。

青蛙爬到 6 米之后，下一天再爬上 5 米的话，就可以到井顶了，所以一共需要 4 天。

第 121 关 不是双胞胎

这两个人是三胞胎或多胞胎中的两个人。

第 122 关 这只熊是什么颜色

白色。

能在北极生存的熊只有北极熊，所以这只小熊无论往哪儿走都是白色的。

第 123 关 切七环金链

取出第三个金环，剩下的组成了 1 个、2 个、4 个三组。第一周领 1 个；第二周领 2 个还回 1 个；第三周领 1 个；第四周领 4 个还 3 个；第五周 1 个；第六周领 2 个还 1 个；第七周领 1 个。

第 124 关 鸡蛋坠而不碎

可以。

只要你将鸡蛋从 1 米以上的高度上向下掉落，在其掉落了 1 米的高度时，鸡蛋还没有掉落在水泥地上，所以鸡蛋可以坠而不碎。

第 125 关 细胞分裂的时间

3 小时 3 分钟。

由提示（2）可知，第二个瓶子从原始状态的 2 个细胞，到整个瓶子充满细胞，需要经过 3 小时。因此，只要算出第一个瓶子里的 1 个细胞要变成 2 个细胞需要多少时间，再加上 3 小时后就是答案了。

由提示（1）可知，从 1 个细胞变为 2 个细胞需要 3 分钟。

第126关 骗子骗钱

他骗了91元钱。

他开始买东西的时候是公平的，接着用9元换了100元，那么就等于骗了91元。或者你也可以这样想：他一共给了售货员100+9=109（元），售货员共给了他9+91+100=200（元），对比一下不难发现，他一共骗了91元。

第127关 未湿的手表

杯子中的咖啡是固体粉末，所以，这个人的手和手表都没湿。

第 128 关 不准的闹钟

12 点 40 分。

从 4 点到 12 点，中间有 8 个小时，就是有 8×60=480（分钟）。而这个闹钟要走的时间是 8×65=520（分钟）。所以，只有在标准时间 12 点 40 分时，这个闹钟才能走到 12 点。

第 129 关 字母等式的运算

（1）A；（2）A；（3）15。

见算式就急忙计算，是习惯性的计算心理所致。如果打破这种心理，就可以在计算之前，先仔细观察算式中的哪些数之间可以互相抵消，这样就无须在机械、琐碎地进行计算了。而在（3）式中，则应观察出哪个算式无须计算。

第 130 关　黑棋与白棋

在图 1 中，从整体上观察，黑棋子的分布无章可循，只能一行一行地累加。从整体上观察，图 2 中的黑棋子分布很规整，能让人一目了然。我们可以先很快地计算出全部棋子的数字，然后再数白棋子，并将其从总数中减去，就可以尽快知道图 2 中黑棋子的数字了。

图 1 中有 16 个黑棋子，图 2 中有 28 个黑棋子。

答案

第 131 关　月牙形阴影的面积

5 平方厘米。

此时只要注意观察一下这个图形，就会发现，半圆形向平移 1 厘米，实际上是向右侵占了 AA'C'C 的长方形空间。这与它平移后所拉开的月牙形部分是相等的。因此，阴影部分的面积等于长方形的面积，即 5 平方厘米。

第132关 母鸡下蛋

母鸡能在格子里下12只蛋。

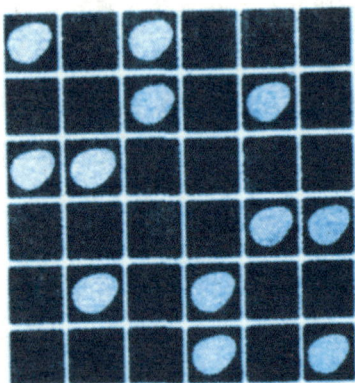

第133关 扩建水池

可以做到。

挖掘的时候，使四棵树的位置恰好都在新扩建的正方形四个边的中间，可以看出，新水池的面积是旧水池的一倍。只要在旧水池上画出两条对角线，数一下所形成的三角形的数目就知道了。

第134关 木塞子的设计

如图所示。

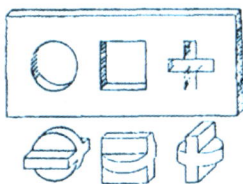
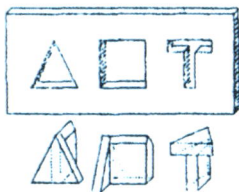

图一   图二

第135关 巧填不等式

$$
\begin{array}{ccccccc}
(1) & < & (6) & > & (2) \\
\wedge & & \wedge & & \wedge \\
(5) & < & (9) & > & (7) \\
\vee & & \vee & & \vee \\
(4) & < & (8) & > & (3)
\end{array}
$$

中间的一个括号对四周的括号都是大于号，所以中间的括号内应填上最大的数9；四角上的括号对它们相邻的括号都是小于号，所以应该把四个最小的数1、2、3、4填在四角的括号内；四边上中间的括号都小于9而大于1、2、3、4，所以这四个括号内可填上在四角的括号内；适当调换1、2、3、4和5、6、7、8的位置，就可以得出所有的解。

181

第 136 关 所有窗户都朝北

把房子建在南极点上，这样每个方向都是朝北。

第 137 关 训练宠物狗

狗是在美国的马戏团用英语训的，听不懂讲德文的柏根太太在说什么。

第 138 关 木条的含义

暗示凶手姓"林"。

第 139 关 问路

向西边走。

"要女的走开"，"要"去掉"女"，即是"西"，就是向西边走的意思。

第 140 关 奇诗

巴黎人把诗分成上下两截来读。此诗的真正读法为：让我们敬爱，永恒英吉利；让我们诅咒，世上的纳粹。我们要支持，海上的儿郎；唯我们应得，胜利的荣光。元首希特勒，是不配生存，那海外民族，唯一将永生。德国的元首，将断送远征；公正的责罚，唯军队有份。

第 141 关 填空格

8	−	7	=	1
÷				+
4				5
=				=
2	×	3	=	6

第 142 关 符号代数

◨=1　▼=2　●=3

◯=4　◭=5　■=6

▲=7　▽=8　◆=9

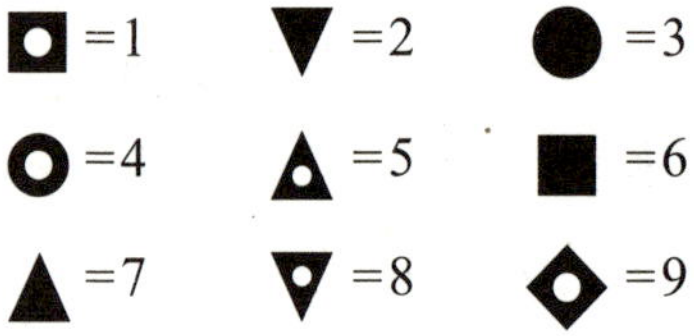

图中这些符号所代表的算式分别如下所示。

64÷4+9=25

8×3+1=25

6×5−5=25

7+7−11=25

28−1−2=25

第 143 关 纵横等式

A=2，B=3，C=5，D=1，E=6。

第 144 关 符号代数

$$625 \div 25 = 25$$
$$- \qquad - \qquad +$$
$$225 \div 15 = 15$$
$$= \qquad = \qquad =$$
$$400 \div 10 = 40$$

第 145 关 水果算术题

苹果＝ 4，香蕉＝ 2，梨＝ 3，葡萄＝ 5。

A=10 ，B=7。

第 146 关 问号处代表的符号

放方块。

红桃＝ 11，黑桃＝ 1，草花＝ 8，方块＝ 5。

第147关 怎样才能喝到橘子水

将木塞推进瓶子里。

· · · ·

答案

第148关 奇妙幻方

4	9	2
13	5	7
8	1	6

实际上，你只要这样想：1+2+3+⋯+9=45；45÷3=15，即每行、每列、每条对角线3个数的和一定是15。有1+9=10，2+8=10，3+7=10，4+6=10，还剩一个5。因此可以把5放在中间，然后逐次填出其他位置上的数就可以了。

第 149 关 六个 "3" 和六个 "点"

对 "点" 的处理一般很快会想到小数点，或是比例符号 "："，或是乘法代用符号。

如果只想到小数点，即 "3.3+3.3+3.3=9.9"，但 "点" 少了三个；

如果只想到比例符号，则是 "3:3+3:3+3:3=3"；

如果只想到乘法代用符号，即 "3•3+3•3+3•3=27"，则显然又超出了 10。

所谓 "尽量接近 10"，最准确的理解是趋向于 10。"•" 还可作为循环节使用。

正确答案是：3.3+3.3+3.3≈10

第 150 关 多变的三角形

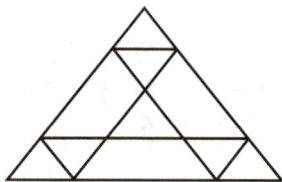

经过观察可以发现，原图中每个三角形的其中两边，都是另两个三角形一边的延长。线能延长，顶点能否连接？如果将顶点连接线再继续延长，又会出现三个交点，于是这三个交点也就可以成为新三角形的顶点了。

所以答案是可以。如图所示，再加一个大正三角形，大小不一的正三角形就可以有 14 个了。

第 151 关 相交的直线

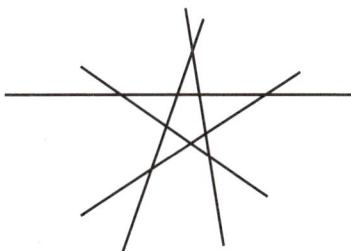

交点数目最多的解法需要做的就是避免让任意两条直线相互平行，那么最终任意两条直线都会相交。

所以，对于五条直线而言，最多有十个交点。

第 152 关 改变楼房形状

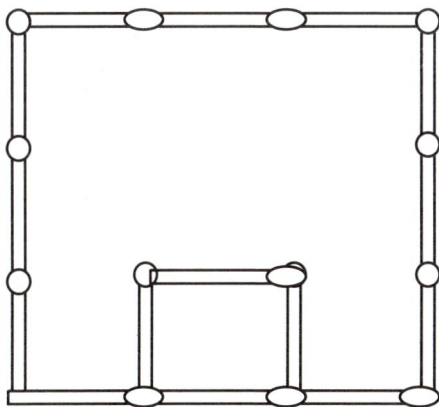

第153关 圆弧

50平方厘米。

先将 BD 连接上，然后以 BD 为长，5 厘米为宽，经过 A 点画一个长方形。

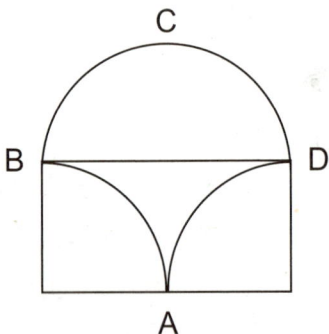

由于图中圆弧均是半径为 5 厘米的圆的一部分，所以线段 BD 和 BCD 圆弧围起来的半圆的面积实际上等于弧 AB 与长方形围成的 1/4 个圆的面积加弧 AD 与长方形围成的 1/4 个圆的面积，也就是说新画的辅助性长方形的面积等于要求区域的面积，即为（5+5）×5=50（平方厘米）。

第 154 关 正方形的面积

5 平方厘米。

可以看出，中间的正方形的四个边分别连接着四个不完整的正方形，就要想办法将这四个不完整的正方形补齐。

首先我们先看一看多余的那几块三角形，它们正好能补齐这四个不完整的正方形。

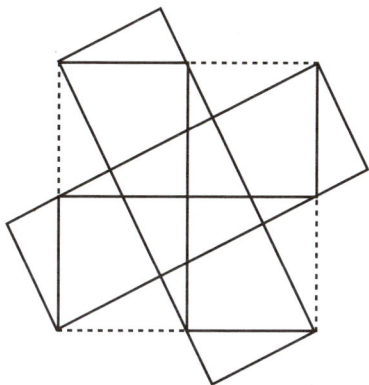

因此，中间正方形的面积是原来图形面积的 1/5，也就是 5 平方厘米。

第 155 关 编辑值班表

问题（1）的答案是：周三上午。

问题（2）的答案是：经济编辑可在周五承担这项工作。

按条件试做表如表所示，并将所有信息填入相关表格。

	周一		周二		周三		周四		周五	
	上午	下午	上午	下午	上午	下午	上午	下午	上午	下午
新闻	○		○	○			○	○		
经济					○			○	○	○
文化	○	○		○		○				
体育		○	○			○	○			

（1）周二下午后，除经济编辑外，其他三人的累计值班天数都已经满了一整天，所以，经济编辑开始值班的日子是周三上午。

（2）从图表上看，显然只有经济编辑在周五可以承担这项工作。

第156关 三家分苹果

张三家得6斤，王四家得3斤。

三家对打扫楼梯的关系是每家各打扫三天。所以，张三和王四两家自己所应打扫的三天不能重复计算在内。这样，酬谢就只能按2∶1的比例划分，而不应当按5∶4的比例划分了。

所以，张三家应得苹果6斤，王四家应得苹果3斤。

第157关 大苹果与小苹果

少卖了6元钱。

30千克小苹果按3千克一份划分，可以分为10组；而30千克大苹果按2千克一份划分，则可以分为15组。因此，将它们以3∶2的比例搭配时，组合到第10组时，小苹果就组合完毕，余下的5组10千克大苹果就不可能再按3∶2的比例组合，只能以大苹果的实际价格来卖了。如果仍然将这10千克大苹果按搭配价格来卖，自然就会少卖钱了。

10千克大苹果本来应该卖：

6（元）×5（组）=30（元）

而实际上只是卖了：

12（元）×2（组搭配）=24（元）

少卖的6元钱就是这样产生出来的。

第 158 关　铁水成铁锭

体积增加了 1/33。

原来缩小的体积量，与铁水的比例为 1:34。而后增加的体积量，其相比对象却已经变成了铁锭，因此它与铁锭的比率也不再是 1:34，而是 1:33 了。所以铁锭再度冶炼成铁水后，其体积增加了 1/33。

在这里，体积的增加、缩小虽然是一个等量的恒定数，但由于"增加"和"缩小"都是相对的概念，缩小 1/34，是相对于铁水凝结成铁锭来说的；增加 1/33，是相对于铁锭熔化成铁水来说的。因此，两个比例数却已经是两个不同的相对数了，不能将它们混同起来。

第 159 关　左邻右舍

没有失言。只是木匠铺与铁匠铺相互搬了一下家。

第 160 关 两枚古钱币

赔了 5 元。

从一枚赚了 20% 而另一枚赔了 20% 的表面现象看，似乎是不赔不赚。但这两个比率所比的对象不同，因而也是两个相对数。如按每枚 60 元出售，则赚了 20% 的古钱币，其收购价格为：60÷100/120=50（元）；另一枚赔了 20% 的古钱币，其收购价格为：x×（1－20%）=60 元，x=75（元）。

这样，两枚古钱币的收购价格为 60+75=125（元），而出售价格为 120 元，所以这个人在这次交易中，赔了 5 元钱。

答案

第 161 关 加减乘除

最后的除式没有意义，因为零不能做除数。

既然 a=b+c，那么将 b+c 移至左边，就是 a-b-c=0。

第 162 关 升斗的妙用

用升斗斜着量就可以做到，对角线连线即可。

第 163 关 无法跨过的铅笔

放在墙边。

第 164 关 字母推理

T。

字母 D 的曲线数目以及直线数目和字母 P 一样，而 T 和 L 一样。

第165关 "渎职"的警察

你一定想，车开进了人群，会出人命的，警察怎么这么不负责。可是题中并没有说汽车司机开着车呀！在日常生活中，提到汽车司机，人们的头脑中就会出现司机驾驶汽车的形象，所以，好多误解是我们没有认真看题的结果。汽车司机步行也是可以的，如果他步行着走进人群，全速向前跑，警察当然不会管了。

答案

第166关 小狗多多

因为小狗多多被拴在一棵树上，所以它可以到达以树为中心，半径1米之内的任何一个地方。它的食盆在距离树0.5米的地方，在多多出发地的相反方向上。

第 167 关 多余的字母

A 中为 F，B 中为 X。字母按次序依次增加，且间隔两个字母。

第 168 关 紧急避免的车祸

漆黑的马路是公路的颜色，当时是白天。

第 169 关 赛跑

四次比赛的名次分别为①A、B、C、D；②B、C、D、A；③C、D、A、B；④D、A、B、C。

第170关 找规律填字母

L。

从 T 开始，先沿左边向下，每个字母的位置号加2即为下一个字母的位置号；从 T 开始，沿右边向下，每个字母的位置号减2，即为下一个字母的位置号。

第171关 侧影拼图

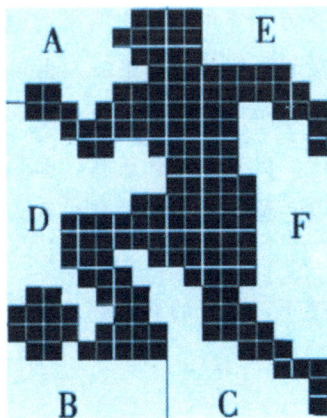

第 172 关 巧得 1000 元

儿子的回答是："父亲是正在想不给我这 1000 元吧！"如果儿子猜中了，依"猜中即可得到 1000 元"的约定，父亲必须给他 1000 元。万一这句话并不是答案，那表示"父亲正想给我 1000 元"。所以儿子还是可以得到 1000 元。不论哪种情形，儿子都可获得 1000 元。

第 173 关 划拳比赛

从石头、剪刀、布中选其中两个，由一个出弱的，剩下的全部出强的。例如，如果一人出石头，其余的全出布。这样，对方即使有人出剪刀也是平局，如果对方没有出剪刀的话，出布的人就获胜。以这种方式重复进行下去，就可以去掉平局，最少到划第四次拳时即可使一个人最后获胜。

在这种情况下，最好的策略就是做到不要使全部人员一次输掉。

第 174 关 姐妹俩

美美和丽丽是姐妹。

运用条件 1 和条件 2，可以发现如下的四种持币情况。

总额为 60 美分：① 25 美分、25 美分、10 美分；② 50 美分、5 美分、5 美分。

总额为 75 美分：③ 1 个 50 美分、5 个 5 美分；④ 1 个 25 美分，5 个 10 美分。

于是，根据条件 3 和条件 4，可可的持币情况必定是④，丽丽的持币情况必定是③，爱爱的持币情况必定是②，美美的持币情况必定是①。因此，在付账之后，各人持有的硬币为：

美美剩下 2 个 25 美分；

丽丽剩下 1 个 50 美分和 1 个 5 美分；

可可剩下 3 个 10 美分；

爱爱剩下 1 个 5 美分。

根据条件 5，美美和丽丽是姐妹俩。

答案

第 175 关 乘火车

甲去广州，乙去北京，丙去上海。

丙既不去北京又不去广州，那么他一定去上海。乙不去广州，那么乙去北京。甲去广州。

第 176 关 投资问题

甲得 200 万元，乙得 50 万元。

250 万元买 1/3 的股份，则总投资为 250÷1/3=750（万元）。

由于甲的股份是乙的 1.5 倍，所以甲出资 450 万元，乙出资 300 万元。

三位合伙人占有的股份相等，即都是 750÷3=250（万元），那么，甲应该得到 450-250=200（万元），乙应该得到 300-250=50（万元）。

第 177 关 生日

A 的生日是星期一；

B 的生日是星期四；

D 的生日是星期日；

E 的生日是星期二。

第 178 关 能用的子弹

刚分配时有 18 发子弹。

分配子弹后，三人共消耗了 3×4=12（发）子弹。

假设 x 是子弹的总数，得到 x-12=x/3，则 x=18。

第 179 关 商店

A 是冷饮店。

根据题意分析出步行街两旁的六家店的位置关系

E	A（冷饮店）	书店
D	面包店	花店

第 180 关 谁受伤了

丙受了伤。

根据信息 A，甲不是伤者。

根据信息 B，丁不是伤者

根据信息 B、C、E，戊不是伤者。

根据信息 D，乙不是伤者。

综上所述，丙是伤者。